RESEARCH ON THE RESOURCE TAX REFORM AND ITS EFFECTS IN CHINA

我国资源税改革及其效应研究

刘翔 著

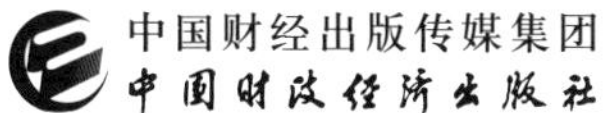

图书在版编目（CIP）数据

我国资源税改革及其效应研究／刘翔著. --北京：中国财政经济出版社，2020.9

ISBN 978-7-5095-9983-9

Ⅰ.①我… Ⅱ.①刘… Ⅲ.①资源税-税收改革-研究-中国 Ⅳ.①F812.424

中国版本图书馆CIP数据核字（2020）第156750号

责任编辑：胡 博 庄 莉　　　　责任校对：徐艳丽

封面设计：陈宇琰

中国财政经济出版社 出版

URL：http：//www.cfeph.cn

E-mail：cfeph@cfeph.cn

社址：北京市海淀区阜成路甲28号 邮政编码：100142

营销中心电话：010-88191537

北京财经印刷厂印刷 各地新华书店经销

787×1092毫米 16开 10.5印张 141 000字

2020年9月第1版 2020年9月北京第1次印刷

定价：45.00元

ISBN 978-7-5095-9983-9

（图书出现印装问题，本社负责调换）

本社质量投诉电话：010-88190744

前　　言

The Preface

改革开放以来，我国经济保持了较高的增长速度，但经济增长的背后是资源的高速消耗与环境的急剧恶化。虽然我国资源总量较为丰富，但人均水平较低，资源短缺与资源浪费问题并存。解决经济增长中面临的资源环境问题，实现经济社会的可持续发展是我国面临的迫切任务。《中共中央关于坚持和完善中国特色社会主义制度、推进国家治理体系和治理能力现代化若干重大问题的决定》指出，必须践行绿水青山就是金山银山的理念，坚持节约资源和保护环境的基本国策，全面建立资源高效利用制度，健全资源节约集约循环利用政策体系。可见，生态文明建设已经成为我国推进国家治理体系和治理能力现代化的重要内容。同时，在新时代如何有效促进自然资源合理高效地开发和利用也成为学术界亟待研究的重大问题。研究资源税改革问题，对于在新时代建设生态文明，建设资源节约型、环境友好型社会，形成人与自然和谐发展的现代化建设新格局无疑具有重要的现实意义。

本书对我国资源税改革问题进行了较为系统的研究，主要包括如下几个方面：综述与资源环境问题及其治理相关的理论，在生态文明建设视角下分析评价我国现行资源税制，考察我国资源税收入与负担情况，介绍资源税制的国外经验，提出推进资源税改革的思路，并依据该改革思路，对资源税税率调整的经济效应和财政效应进行量化分析。本书共9章，结构安排和研究内容如下：

第 1 章 导论。本章介绍本书的选题背景与意义，综述我国资源税改革问题的研究现状，提出本书的研究方法与结构安排，最后说明本书的创新与不足之处。

第 2 章 资源税改革的理论基础。本章综述与资源环境问题及其治理相关的理论，包括可持续发展理论、可耗竭资源理论、外部性与庇古税理论、经济增长理论，这些理论构成了本书研究资源税改革问题的理论基础。

第 3 章 我国资源税制的分析评价。本章简要介绍我国资源税费制度的历史变迁和现状，分析自然资源开发利用存在的问题，考察现行资源税制度存在的问题。

第 4 章 我国资源税收入与负担分析。本章通过构建相应的指标，实证考察我国资源税收入与负担的具体情况，分析油气资源税和煤炭资源税从价计征改革对资源税收入和税负水平的影响。

第 5 章 资源税制的国外经验借鉴。本章介绍国外资源领域的主要税费工具，说明俄罗斯、美国、澳大利亚和加拿大等主要资源大国的资源税制情况，归纳国外资源税制可供我国借鉴的经验。

第 6 章 推进我国资源税改革的思路。在前文的基础上，本章提出生态文明建设视角下我国资源税的改革思路，界定资源税的主体功能和附属功能，分析资源税的调节功能的实现机制，提出资源税改革多方面的具体措施。

第 7 章 资源税税率调整的经济效应。通过构建中国资源税收多部门 CGE 模型，本章对资源税税率调整的经济效应进行分析，包括对宏观经济的整体影响、对资源价格与资源需求的影响、对行业产出与产业结构的影响、对各行业就业和进出口的影响等方面。

第 8 章 资源税税率调整的财政效应。本章简要分析我国地方财政能力和地方税制中的问题，探讨资源税的归属问题，对资源税税率调整的财政效应进行多角度的考察，包括财政增收效应、地方财政能力提升效应和调节地方财政能力差距效应等方面。

第 9 章 本书总结。本章对全书的主要观点与结论进行总结，提出相关的政策启示。

本书的创新之处主要体现在：在生态文明建设视角下重新界定了资源税的功能并阐述了改革思路，使用定量分析方法分析了资源税税率调整的效应，其中运用可计算一般均衡（CGE）模型分析了资源税税率调整的经济效应，运用数值估计方法分析了资源税税率调整的财政效应。

目　　录

CONTENTS

第 1 章　导论 …………………………………………………… (1)

1.1　选题背景与意义 ………………………………………… (1)

1.2　研究现状 ………………………………………………… (2)

1.3　研究方法和结构安排 …………………………………… (7)

1.4　本书的创新与不足 ……………………………………… (9)

第 2 章　资源税改革的理论基础 ……………………………… (10)

2.1　可持续发展理论 ………………………………………… (10)

2.2　可耗竭资源理论 ………………………………………… (14)

2.3　外部性与庇古税理论 …………………………………… (17)

2.4　经济增长理论 …………………………………………… (21)

2.5　本章小结 ………………………………………………… (24)

第 3 章　我国资源税制的分析评价 …………………………… (26)

3.1　资源税费制度的历史变迁 ……………………………… (26)

3.2　现行资源税费制度概况 ………………………………… (31)

3.3　自然资源开发利用存在的问题 ………………………… (36)

3.4　现行资源税制度存在的问题 …………………………… (40)

3.5　本章小结 ………………………………………………… (43)

第 4 章　我国资源税收入与负担分析 ………………………… (45)

4.1　我国资源税收入与负担整体情况 ……………………… (45)

4.2　油气资源税改革的影响分析 …………………………… (53)

4.3　煤炭资源税改革的影响分析 …………………………… (58)

4.4　本章小结 ………………………………………………… (63)

第 5 章 资源税制的国外经验借鉴 …………………………………… (64)
5.1 国外资源领域的主要税费工具 ………………………………… (64)
5.2 主要资源大国的资源税制 …………………………………… (67)
5.3 国外资源税制的经验借鉴 …………………………………… (80)
5.4 本章小结 ……………………………………………………… (82)

第 6 章 推进我国资源税改革的思路 ……………………………………… (83)
6.1 资源税的功能定位 …………………………………………… (83)
6.2 资源税调节功能的实现机制 ………………………………… (87)
6.3 资源税改革的具体措施 ……………………………………… (91)
6.4 本章小结 ……………………………………………………… (98)

第 7 章 资源税税率调整的经济效应 ……………………………………… (100)
7.1 研究方法与模型选择 ………………………………………… (100)
7.2 社会核算矩阵的编制与数据来源 …………………………… (102)
7.3 CGE 模型的结构设置 ……………………………………… (103)
7.4 参数校准和情景设定 ………………………………………… (109)
7.5 模型求解结果与分析 ………………………………………… (111)
7.6 本章小结 ……………………………………………………… (121)

第 8 章 资源税税率调整的财政效应 ……………………………………… (122)
8.1 我国地方财政和地方税制的基本情况 ……………………… (122)
8.2 资源税的归属 ………………………………………………… (128)
8.3 资源税税率调整的财政效应分析 …………………………… (132)
8.4 本章小结 ……………………………………………………… (144)

第 9 章 本书总结 ………………………………………………………… (146)

参考文献 …………………………………………………………………… (150)
后记 ………………………………………………………………………… (159)

第1章　导论

1.1　选题背景与意义

改革开放以来，我国经济保持了较高的增长速度，但经济增长的背后是资源的高速消耗与环境的急剧恶化。虽然我国资源总量较为丰富，但人均水平较低，资源短缺与资源浪费问题并存。解决经济增长中面临的资源环境问题，实现经济社会的可持续发展是我国面临的迫切任务。

《国民经济和社会发展第十三个五年规划纲要》中提出，必须坚持节约资源和保护环境的基本国策，坚持可持续发展，坚定走生产发展、生活富裕、生态良好的文明发展道路，加快建设资源节约型、环境友好型社会，形成人与自然和谐发展现代化建设新格局。党的十九大报告指出，我们要建设的现代化是人与自然和谐共生的现代化，必须坚持节约优先、保护优先、自然恢复为主的方针，形成节约资源和保护环境的空间格局、产业结构、生产方式、生活方式。《中共中央关于坚持和完善中国特色社会主义制度、推进国家治理体系和治理能力现代化若干重大问题的决定》指出，必须践行绿水青山就是金山银山的理念，坚持节约资源和保护环境的基本国策，全面建立资源高效利用制度，健全资源节约集约循环利用政策体系。可见，生态文明建设已经成为我国推进国家治理体系和治理能力现代化的重要内容。同时，在新时代如何有效促进自然资源合理高效地开发和利用也成为学术界亟待研究的重大问题。

理论上而言，资源产品的价格应当反映资源的稀缺程度和环境损害成本，由于市场失灵问题的存在及我国资源环境政策的不完善，使得资源产品的价格不能充分反映其稀缺程度和环境损害等社会成本，导致资源的掠夺式开采和粗放式利用。税收政策是调节经济的重要工具和杠杆，其能够通过一定的传导机制影响微观经济主体的行为和宏观经济的运行，而合理的资源税税负可以使资源产品的价格体现其稀缺性，进而遏制资源的过度开采，促进资源集约有效的利用，从而实现资源利用的可持续发展。

党的十八大以来，我国资源税改革进程不断加快。2014 年 11 月，财政部、国家税务总局发布了《关于实施煤炭资源税改革通知》（财税〔2014〕72 号），决定煤炭资源税于 2014 年 12 月 1 日起实行从价计征改革，并规定了相关的税收优惠措施。2016 年 5 月，财政部、国家税务总局发布了《关于全面推进资源税改革的通知》（财税〔2016〕53 号），将我国资源改革工作全面推开，对资源税的计税方式、税率水平和税费关系等方面进行了调整，决定在河北省开展水资源税改革试点工作。经过改革，我国资源税在完善征收范围和计征方式上取得了重大进展，无疑对我国自然资源的开发和利用产生积极影响。但是，当前我国自然资源开发使用的效率仍然不够高效，与生态文明建设的要求还存在较大差距。那么，在生态文明建设诉求下我国资源税是否还存在改革空间，提高资源税税率能否起到促进资源节约的目的，会对宏观经济和财政运行造成何种影响？为了促进资源的合理开发和高效利用，实现资源的永续使用，这些问题仍值得探讨。

因此，研究资源税改革问题，对于在新时代建设生态文明，建设资源节约型、环境友好型社会，形成人与自然和谐发展的现代化建设新格局，以及实现经济、社会和环境的可持续发展无疑具有重要的现实意义。基于以上考虑，本书对我国资源税改革及其效应问题进行了较为系统的研究。

1.2 研究现状

近年来，随着我国资源环境问题的日益严峻，国内许多学者对我国资源税改革问题进行了较广泛的研究，涉及资源税的功能定位、存在问题、改革的措施和影响等方面。

1.2.1 资源税的功能定位

资源税的功能定位方面，不同学者的观点不尽相同。谢焕瑛、王立杰（1997）提出了煤炭资源税三个方面的功能：一是实行煤炭资源有偿使用，保证国家的煤炭资源所有权在经济上得以实现，通过煤炭资源税变煤炭资源无偿开采为有偿开采，维护煤炭资源的国家所有权；二是调节资源级差收益，用煤炭资源税来调节煤炭企业由于自然条件差异所形成的级差收益，使煤炭企业在大致平等的利润水平上展开公平竞争；三是促进煤炭资源的合理开发和使用，保护煤炭资源。先福军（2010）认为资源税既具有调节级差收入的性质，也有“资源补偿费”的功能，且两者的计算依据也一致，都以油气销售收入为计算基数，因此应取消矿产资源补偿费，将其并入资源税，做到“清费正税”。蒲志仲（2007）认为矿产资源税调节的是国家与矿产资源开发直接受益者即矿产资源所有者和开发投资经营者间的利益关系，目的在于补偿国家为矿产资源开发所提供的公共设施和公共服务成本，调节矿产资源利益分配矛盾。刘植才、刘荣（2012）认为资源税应以调节级差收入的功能为主，不应承载太多的政策目标，因为即使这些政策目标之间不存在矛盾，通常也会导致其因兼顾这些不同目标而复杂化，从而增加税制的运行成本。

虽然对资源税的定位尚无统一的观点，但是更多的学者（计金标，2007；陈文东，2007；刘立佳，2013；张海星，2013）认为资源税应该在促进资源的可持续利用方面发挥作用，资源税要体现企业因资源开采而产生的社会成本和关注代际间的外部性问题。如张海星（2013）认为可持续发展理论和外部性理论为资源税的征收提供了理论支撑，某些不可再生资源的稀缺性和外部性未能在市场定价机制中得到充分表达，通过征收资源税可以合理地体现资源稀缺性，实现外部效应的内部化，提高资源开采和利用效率。

1.2.2　资源税存在问题与改革措施

资源税存在的问题方面，孙刚（2007）认为资源税存在计税方式有缺陷、资源税费关系混淆、资源收益分配不合理等问题；安仲文（2008）认为资源税的立法精神、设计思想与经济可持续发展理念相悖，存在课税范围狭窄、计税依据不科学、资源税减免政策过多等问题；安体富、蒋震（2009）指出税率的设计没有体现资源稀缺的程度和资源的不可再生性，没有考虑资源开采回采率的差别；张亚明、夏杰长（2010）认为资源税费制度不合理是制约我国产业结构调整和经济发展方式转变的重要因素，不同规模资源型企业的税负水平差异较大、资源型企业非税负担较重、矿产资源产品的税种设计搭配不合理、资源开采得不到有效的价值补偿是我国现行税费制度的主要缺陷。

资源税的改革措施方面，孙刚（2007）认为应实行“从量定额”与“从价定率”并存的征收方式，进一步提高资源税的税率税额，调整资源税的征收范围；安体富、蒋震（2009）认为应当选择合适时机推进资源税改革，改革内容包括扩大征税范围、调整税率、优化税目和计税依据等；刘晔（2010）认为，我国资源税改革的基本取向是提高资源税税负，但税负的提高能否有效实现资源税改革的政策目标还与市场主体的反应有关。

2016 年中国全面推进资源税改革后，学者们对于资源税下一步的改革方向提出了各自的观点，大都认为应扩大资源税征税范围和改进税率设置。资源税征税范围方面，徐会超、张晓杰（2018）提出为推进绿色发展，应扩大资源税征税范围，将水资源税征收试点扩展至全国范围，将资源税征收范围延伸至森林、草原、湿地等自然生态领域；王婷婷（2018）认为应率先将水资源、森林资源纳入资源税征税范围，并为资源税扩围提供立法支持和征管保障。资源税税率设置方面，彭月兰（2018）认为应对煤炭资源税部分要素实施动态调整，达到创造公平税收环境的目的，将不同开采条件的煤炭资源划分等级，作为计算原煤资源税时的成本系数，适当增加洗选煤折算率的档次；周波、范丛昕（2019）认为应根据资源的稀缺性和开采负外部性设定差别税率，对稀缺程度高、破坏严重、不可再生和替代资源采用高税率。

1.2.3 资源税改革的影响

资源税改革的影响方面，张海星、许芬（2010）从探讨资源税改革对我国产业结构优化升级的重要作用入手，在剖析现行资源税制对产业结构升级制约因素的基础上，分析了新一轮资源税改革对市场主体的经济影响与预期效应，认为竞争性市场的资源产品价格可能上涨，价格上涨后将减少下游需求量，能够起到抑制不合理需求，促进企业降低综合成本、循环使用资源和提高要素使用率的作用；席卫群（2009）对资源税计征方式改变和提高税率水平的经济影响做了分析，认为短期内会对物价上行造成一些压力，资源开采企业生产经营成本有所提高，资源供需企业应对资源税的举措将推动产业结构的调整，而且可以适度补偿资源地区利益，实现部分财富由东部地区向中西部地区的转移，缩小地区发展差异；杨志勇（2011）结合新疆资源税改革试点情况，对西部资源税改革成效进行了探讨，认为提高税负的改革增加了地方政府可支配收入，缓解了地方财政压力，为地方特别是西部地区基本公共服务提供了重要的财力保障。

除此之外，也有一些学者运用模型对我国资源税的经济效应进行了研究，这些研究主要有两个方向，一是对已经实施的资源税政策进行实证分析，二是对理论上提出的资源税政策进行模拟分析。已实施资源税政策实证分析方面，学者们主要是基于计量经济模型，评价资源税的多方面经济效应。张炳雷、刘嘉琳（2017）发现资源税税负增加可以降低能源矿产资源开采企业利润、单位 GDP 能耗，但没有导致能源矿产资源消费量的明显下降；薛钢、李淑瑞（2018）认为资源税对非资源诅咒区的经济增长具有一定的阻碍作用，对资源诅咒区经济增长则具有拉动作用；邵珠琼、张中祥（2018）发现 2010 年油气资源税改革显著降低了上游企业的盈利能力，但对下游企业的盈利能力则没有显著影响；袁春生、马雪梅（2019）发现 2014 年煤炭资源税改革后煤炭采选业上市公司企业的煤炭资源税实际税负虽有提高，但其综合税负却有所降低。

资源税政策模拟分析方面，学者们主要是运用 CGE 模型展开研究，研究结论大都支持资源税可以起到抑制能源消费和促进节能减排的目的，而且提高税率水平会对经济增长产生一定的负面影响。如郭菊娥等（2011）的研究表明，随着煤炭资源税税率的逐步提升，煤炭需求量减少幅度大于 GDP 减少幅度，能有效降低单位 GDP 煤耗；林伯强等（2012）发现对煤炭资源征收 5%—12% 的资源税，宏观经济成本将在可承受范围之内，而且能够反映煤炭作为稀缺性资源的耗减成本；徐晓亮等（2017）的研究进一步发现煤炭资源税率提高会在一定程度上抑制资源消费，提高资源利用效率；曾先峰等（2019）将研究视角扩展至煤炭和油气资源税，并和环境保护税进行比较，发现征收资源税或环境保护税将对宏观经济产出带来负向影响，可以抑制废弃物排放，资源税主要通过抑制企业投资对经济产出产生影响，而环境保护税主要通过抑制消费和企业投资影响产出。

1.2.4 资源税制的国际比较

不少学者还对资源税制进行了国际比较分析，并提出了相关的政策建议。张林海（2010）介绍了美国、德国、荷兰等国资源税制情况，阐述了我国资源税的实施现状和存在的主要问题，认为深化资源税改革应该加强对国内经济指标的分析，从扩大资源税的征税范围、科学设计征税依据、细化资源税税目、适当提高资源税税率等方面入手进行改革；施文泼、贾康（2011）通过比较借鉴国际上主要的资源税费类型，提出了我国矿产资源税费制度的整体配套改革措施，包括全面实行矿产资源有偿取得制度，适当调整探矿权、采矿权使用费收费标准，改革资源税以实现对矿产资源绝对租金的有效调节；薛钢、茅诗婕（2016）分析了国外资源税费制度建设的基本情况，发现国外核心税费工具的选择兼顾不同利益主体的诉求，资源税费负担的调整相对比较频繁，地方政府具有较大的资源税费的管理权限，认为资源税全面改革不仅仅是某个税种的改革，更应该视为全面构建我国资源有偿使用与生态补偿制度的重要内容之一。

我们看到，国内学者对资源税改革的方向基本上已经达成共识，就是通过调整资源税的计税依据、税率水平、征税范围和整合相关税费等方面的改革，促进自然资源的合理开采与充分利用。综合来看，对于探讨未来资源税税率调整的经济效应，运用 CGE 模型进行模拟分析有较大的优势，但已有研究存在一定的不足。一方面这些研究大都局限于煤炭资源税，仅有少量研究扩展至煤炭和油气资源，而实际上资源税也对非能源矿产广泛开征，这些非能源矿产同样属于稀缺资源，在经济生产中具有重要作用；另一方面，可能限于研究时点或研究重点等因素，这些研究大都基于 2014 年煤炭资源税改革前的情景设定，而 2014 年煤炭资源税改革对煤炭资源税的计税方式和税率水平进行了根本性调整，其后资源税是否还存在税率调整空间仍然值得研究。在当前生态文明建设背景下，资源税的相关研究需要更加系统，对现行资源税的实际调节效果、各类矿产资源税税率调整后的经济和财政效应等问题有待进一步探讨。

1.3　研究方法和结构安排

本书对资源税改革的研究运用了多种研究方法：首先，理论分析和实证考察相结合，本书对资源税改革的理论基础进行了综述和评价，运用实证分析方法对我国资源税存在的问题和资源税收入与负担情况进行了分析；其次，定性分析与定量分析相配合，本书分析了生态文明建设视角下推进我国资源税改革的思路，同时使用可计算一般均衡模型分析了资源税税率调整的经济效应，运用数值估算方法分析了资源税税率调整的财政效应；最后，采用比较分析方法，本书对国外的资源税制情况进行国际比较，总结了可供我国借鉴的经验。

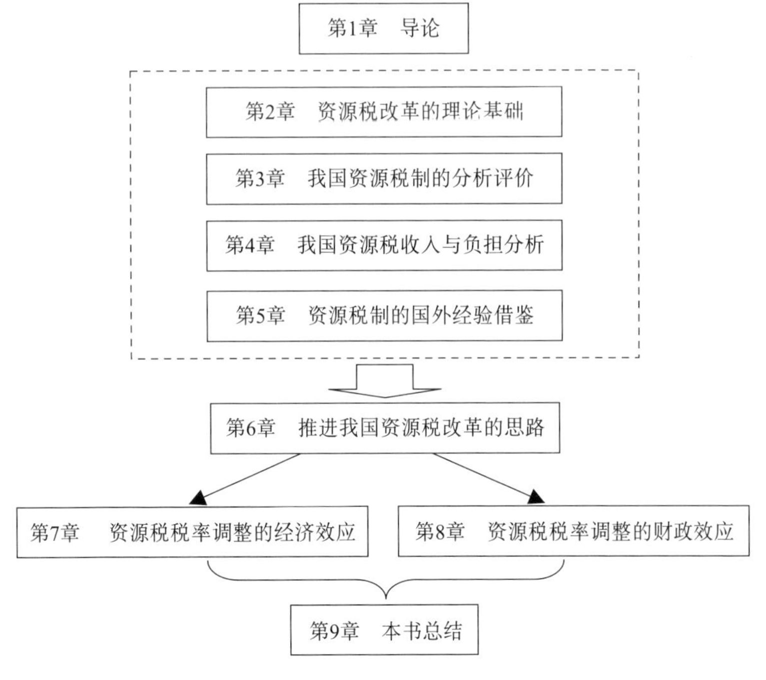

图 1－1　本书结构安排

如图 1－1 所示，本书共九章，除第 1 章为导论外，第 2 章综述与资源环境问题及其治理相关的理论，第 3 章分析评价我国的资源税制，第 4 章分析我国资源税收入与负担情况，第 5 章介绍资源税制的国外经验，第 6 章基于前文的分析提出继续推进我国资源税改革的思路，第 7 章和第 8 章依据本书所提出的改革思路，分别对资源税税率调整的经济效应和财政效应进行定量分析，第 9 章为全书的总结，具体的结构安排如下：

第 1 章 导论。本章介绍本书的选题背景与意义，综述我国资源税改革问题的研究现状，说明本书的研究方法与结构安排，最后指出本书的创新与不足之处。

第 2 章 资源税改革的理论基础。本章综述与资源环境问题及其治理相关的理论，包括可持续发展理论、可耗竭资源理论、外部性与庇古税理论和经济增长理论，这些理论构成了本书研究的理论基础。

第 3 章 我国资源税制的分析评价。本章简要介绍我国资源税费制度的历史变迁和现状，分析自然资源开发利用存在的问题，考察现行资源税制度存在的问题。

第 4 章 我国资源税收入与负担分析。本章通过构建相应的指标，实证考察我国资源税收入与负担的具体情况，分析油气资源税和煤炭资源税从价计征改革对资源税收入和税负水平的影响。

第 5 章 资源税制的国外经验借鉴。本章首先介绍国外资源领域的主要税费工具，其次说明俄罗斯、美国、澳大利亚和加拿大等主要资源大国的资源税制情况，最后归纳国外资源税制对我国的经验借鉴。

第 6 章 推进我国资源税改革的思路。在前文的基础上，本章提出生态文明建设视角下我国资源税的改革思路，包括资源税的功能定位与实现机制，以及资源税改革的具体措施。

第 7 章 资源税税率调整的经济效应。本章首先介绍所使用的研究方法——可计算一般均衡模型的基本情况，其次说明中国资源—税收社会核算矩阵的编制与数据来源，构建开放条件下的多部门 CGE 模型，包括具体的结构设置、参数校准和情景设定，最后对模型求解结果进行分析，分析的重点在于资源税税率调整对宏观经济的整体影响，对资源价格与资源需求的影响，对行业产出与产业结构的影响，以及对各行业就业的影响。

第 8 章 资源税税率调整的财政效应。本章首先介绍我国地方财政和地方税制的基本情况，采用人均地方财政收入和地方财政自给率两个指标说明地方财政能力的不足和地区差距，其次论述资源税的归属问题，分析资源税实现财政调节功能的可行性，最后考察资源税税率调整的财政效应，包括财政增收效应、地方财政能力提升效应和调节地方财政能力差距效应。

第 9 章 本书总结。本章对全书的主要观点与结论进行总结，并提出相关的政策启示。

1.4　本书的创新与不足

本书的创新之处主要体现在：在生态文明建设视角下重新界定了资源税的功能并阐述了改革思路，使用定量分析方法较全面地分析了资源税税率调整的效应，其中基于包括 12 个部门的 2017 年中国资源—税收社会核算矩阵，构建可计算一般均衡（CGE）模型分析了资源税税率调整的经济效应，运用数值估计方法分析了资源税税率调整在全国和省区层面上的财政效应。

本书的不足之处主要包括如下方面：分析资源税税率调整的经济效应时，本书使用的是静态可计算一般均衡模型，没有考虑改革的动态效果，模型的动态化是下一步研究的方向之一；分析资源税税率调整的财政效应时，限于数据的可得性和研究的重点，没有考虑资源税税率调整对其他税种和非财政经济变量的影响，在整个经济的框架下分析资源税的财政效应需要进一步探索。

第2章　资源税改革的理论基础

随着资源环境问题的不断加剧和经济理论的发展，国外学者对资源环境问题进行了广泛而深入的研究，形成了许多与资源环境问题及其治理相关的理论，主要包括可持续发展理论、可耗竭资源理论、外部性与庇古税理论、经济增长理论，这些理论构成了本书对我国资源税改革研究的理论基础，本章根据研究重点对这些理论进行综述和探讨。

2.1　可持续发展理论

联合国环境与发展委员会（WCED）1987 年在其研究报告《我们共同的未来》中首次明确地提出了可持续发展（Sustainable Development）的概念，其后该概念得到国际社会的广泛认可，并在 1992 年联合国环境与发展大会（UNCED）上形成共识，关于可持续发展的研究随之大量涌现。严格地说，可持续发展理论并不是一个严密的理论体系，内容丰富而庞杂，涉及环境经济学、发展经济学、资源经济学等多个经济学分支，以及生态学、社会学和伦理学等众多学科。概括来说，可持续发展的研究内容包括可持续发展的概念与内涵、代际与代内的平等问题、可持续发展的衡量、可持续发展策略与管理、经济可持续增长问题等方面。限于本书研究的范围，这里重点分析关于可持续发展的概念及其实现途径方面的内容。

对于可持续性和可持续发展的定义、解释和分析，国际上不同学者给出了各自的表述，这些表述可以概括为两种不同的观点，也就是“弱可持续性”（Weak Sustainability）和“强可持续性”（Strong Sustainability）的争论。为了分析二者的区别，需要使用“自然资本”这一概念。Ekins（1992）将资本划分为四类，即人造资本、人力资本、社会（或组织）资本和自然资本（也被称作生态或环境资本）。其中，自然资本具有四个方面的功能：一是提供生产活动所需的资源投入；二是吸纳人类活动产生的垃圾；三是提供生产活动所需的环境和条件（如生命维持功能和气候条件）；四是保障人类的福利（如自然环境带来的享受）（Ekins et al.，2003）。

所谓“弱可持续性”是指经济发展在代际之间不衰退，这是目前为止在经济学家中关于可持续性的主流解释（Brekke，1997）。弱可持续性强调的是经济产出和消费的可持续性，其实现途径依靠的是自然资本和人造资本之间的可替代性。由此来看，弱可持续性属于经济增长理论的范畴，与我们所熟知的可持续发展（强可持续性）的内涵有明显差别。所以，本书把“弱”的可持续发展称作可持续增长，并把关于“弱可持续发展”的研究作为经济增长理论在后文加以说明。

“强可持续性”是指生活机会的不降低，通过保护人力资本存量、技术能力、自然资源和环境质量来实现这一目标（Brekke，1997）。与弱可持续性不同，强可持续性认为由于技术进步的不确定性，自然资源的唯一性和环境影响难以逆转的特点，自然资本是经济生产活动、人类消费和福利的必要投入，不能够被人造资本或人力资本所替代，自然资本和人造资本都应当维持在一定的水平。同时，强可持续性强调环境的完整性和人的“自然权利”。

强可持续性认为自然资本与其他资本显著不同，人造资本可以不断地被生产出来，其数量可以控制，而且对人造资本的损害也比较容易恢复。与人造资本不同，自然资本中的不可再生资源是不能再生的，即使是可再生资源，其产生的速度也是有限度的，因此自然资本的种类是固定的，数量是有限的，而且自然资本的损害大多数情况下是不可逆的（如生物的灭绝、气候变化、化石能源的消耗）。Victor et al.（1998）归纳出了人类生存必需的自然资本，包括水、空气、矿产、能源、空间和遗传物质等，它们维持了生态系统的正常运行。显然，在现有技术水平下这些自然资本的大规模替代是不可能的。因此，对可持续性的理解应当基于强可持续性的概念，下文所称的可持续发展均是指具有强可持续性内涵的发展。

即使对于强可持续发展，不同组织和学者对其的表述也不尽相同。WCED（1987）提出的可持续发展的经典定义是："可持续发展是既满足当代人的需要，又不对后代满足其自身需要的能力构成危害的发展。"由于其表述简洁又含义深刻，这一定义得到了广泛的国际认可。世界自然保护同盟（INCN）、联合国环境规划署（UNEP）和世界野生生物基金会（WWF）（1991）将可持续发展定义为：在不超过生态系统涵容能力的情况下人类生活品质的改善。该书还提出了人类可持续生存的标准，论述了可持续发展的最终目的是改善人类的生活品质和生活环境。Pearce et al.（1989）对可持续发展的概念和内涵进行了阐释，认为可持续发展应当包括如下三方面的内容：可持续发展应当重视自然环境、建筑环境和文化环境；可持续发展既要关注当代人的短期或中期问题，也要关注后代人的长期问题；可持续发展既要满足社会中弱势群体的需求（即代内公平），也要公平的对待后代人的需求（即代际公平）。

综上所述，自然资源是经济生产和人类福利不可缺少的投入，在目前的技术条件下，对其的消费不能被人造资本所替代，而且一些环境要素是唯一的，某些环境过程可能是不可逆转的，因此可持续性应当考虑经济、资源环境和社会因素。可持续发展追求的目标应当是，在人类整体利益的视角下，使全体人类的需要得到满足，个人的能力得到充分的发展。这里的需要包括经济、社会、资源环境等方面的需要，这里的全体人类是指世界范围内的当代人和后代人，而保护资源环境是实现这一目标的必要条件。因此，不能将 GDP 作为衡量发展的唯一指标，应当用包括经济、社会和资源环境等多方面的指标来衡量发展，Hamilton（1994）、Asheim（2000）等学者关于绿色国民核算的研究无疑具有参考价值。

对于如何实现可持续的发展，Ciriacy - Wantrup（1968）给出的最低安全标准（Safe Minimum Standard）影响较大。最低安全标准的基本思想是，为了确保可再生资源的续存，必须保障可再生资源的数量维持在一个最低水平上，只要数量维持在该水平，即使在最坏的情况下再生资源仍然可以得到恢复。Bishop（1978）论证了在不确定条件下对环境系统实行最低安全标准的合理性。Bishop（1993）将最低安全标准与可持续发展联系起来，认为因为自然资源的耗竭会影响经济的可持续性，所以实施最低安全标准可以促进可持续发展，美国的某些政策与最低安全标准是一致的，但是缺少足够的资金用于自然资源保护方面，对自然资源征税则是一个较好资金来源。Daly（1991）和 Ekins et al.（2003）更加明确地提出了实现可持续发展的原则，这些原则可以概括为如下几个方面：

（1）人类的生产活动应当限定在地球的负载能力之内，全球性的人为环境破坏应当被预防，如预防气候变化和臭氧层破坏。

（2）重要的生态系统必须被保护，以保持生物多样性，污染排放不能超过环境的吸纳能力。

（3）可再生资源应当被保护，其开采速度不能超过再生速度；不可再生资源应当被谨慎地使用，开采速度不宜超过替代不可再生资源的生产速度，不可再生资源开采获得的收入应当支持其替代品的研发，应不断提高资源的使用效率。

（4）人类活动破坏环境的风险必须保持在最低水平。

可以看出，如上关于实现可持续发展的原则与其他学者提出的可持续发展的概念与内涵是一致的，这些原则将可持续发展的概念加以丰富，对可持续发展的实现具有指导意义。

自然资源合理高效的开发利用问题是可持续发展理论关注的重要内容。一方面，对资源的过度消耗必然会减少下一代人发展经济所需资源的可用数量，资源消耗不但会引起国家间和地区间的不平等，而且会导致代际间的不平等。另一方面，资源开采过程中对自然环境的破坏，使用过程中对环境的污染，都会影响当代人的生活质量，也会对后代人的生活造成影响。因此，自然资源能否科学合理且有效地开发和利用关系到整个社会可持续发展的实现。可持续发展的相关理论阐明了可持续发展的内涵和实现原则，特别是对自然资源开发利用提出的若干要求，如自然资源的开采数量和速度应当满足一定的标准，对我国资源税改革具有较大的参考价值。

2.2 可耗竭资源理论

资源经济学把资源分成两类，一类是可耗竭资源（Exhaustible Resource），也被称为不可再生资源（Nonrenewable Resource），另一类是可再生资源（Renewable Resource），如图2－1所示。可耗竭资源的存量是固定的，会随着人类的开采使用而日益减少，最终消耗殆尽，例如煤炭、石油等矿产；可再生资源本身可以通过繁育生长或循环机制实现自我更新，被消耗后数量可以得到恢复。可再生资源可进一步分为临界带（Critical Zone）资源和非临界带（Non－critical Zone）资源，前者的再生能力有一定的限度，一旦开采的速度超过了该限度（临界带），资源储量就不可能再恢复到原来的状态，例如森林、草地、水资源等；后者的自我更新一般不受开采活动的影响，不存在所谓的临界带，如风能、太阳能等。可见，虽然某些可再生资源具有可再生性，但其供给是有限的，如果人类对可再生资源的消耗超过了其自身的再生能力，可再生资源就会转变为可耗竭资源，最终会面临耗竭殆尽的境地。

可耗竭资源	
使用后就消耗掉	可循环使用
石油 天然气 煤	金属矿物

可再生资源	
临界带	非临界带
鱼类 森林 动物 土壤 蓄水层中的水	太阳能 潮汐 风能 大气

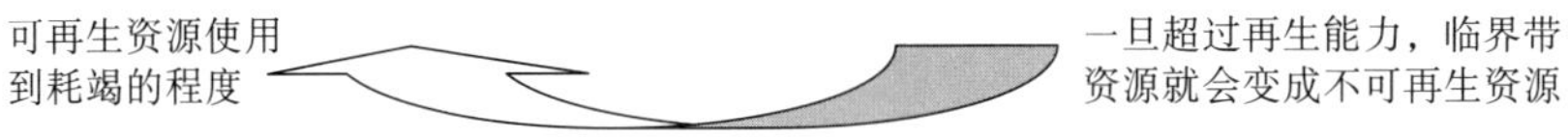

可再生资源使用到耗竭的程度

一旦超过再生能力，临界带资源就会变成不可再生资源

图2－1 资源种类的划分

资料来源：Rees, J., 1990, Natural Resources: Allocation, Economics, and Policy, London: Routledge.

可耗竭资源理论由Hotelling（1931）首先提出，他对可耗竭资源使用的有限性如何影响资源价格和开采路径进行了分析，并对资源稀缺性问题给出了理论解释。其后，相关学者在霍特林（Hotelling）研究的基础上，从不同的角度对可耗竭资源问题进行了研究，逐渐形成了完善的可耗竭资源理论，而可耗竭资源理论又为资源经济学的建立起到了奠基作用。

在可耗竭资源理论中，可耗竭资源被看作是一项能够带来收益的跨期资产，现在开采或消费某种资源必然减少未来对该资源的开采或消费，这种因未来开采或消费的减少而带来的损失就是该种资源的机会成本。在考虑到资源机会成本的条件下，资源开采者追求利润现值的最大化，从而做出现期的开采决策。资源的开采价值（资源价格扣减边际开采成本）应当等于如果不开采资源所带来的价值（资源消耗的机会成本）。这个机会成本从不同的角度被冠以多种名称，例如被称为使用者成本（User Cost）以反映未来资源的减少产生的损失，或被称为原本价值（In Situ Value）以反映资源储藏的边际价值，还被称为资源租金（Resource Rent）以反映价格和开采成本的差值（Krautkraemer，1998）。

霍特林模型考察的是一种储量已知的可耗竭资源的跨期分配问题。Krautkraemer（1998）给出了如下霍特林模型的数学表达及其解释。决策者选择资源开采的时间路径 q（t），最大化总的资源开采的净收益现值，约束条件是累计开采量不大于最初的资源禀赋 S_0。目标函数为：

$$\int_0^{\infty} e^{-\delta t}[B(q(t),S(t)) - C(q(t),S(t))]dt \tag{2-1}$$

$$\text{s. t.}: \quad \dot{S}(t) = -q(t), S(t) \geqslant 0, q(t) \geqslant 0, S(0) = S_0 \tag{2-2}$$

其中，$B(q(t),S(t))$表示总收益，$C(q(t),S(t))$表示开采成本，$S(t)$为剩余资源储量，δ 表示折现率（利率）。该问题现值的汉密尔顿函数为：

$$H(q(t),\lambda(t)) = B(q(t),S(t)) - C(q(t),S(t)) - \lambda(t)q(t) \tag{2-3}$$

λ（t）表示资源储藏的共态变量，同时也具有经济含义，即资源的影子价格，它用来反映经济系统内资源的稀缺程度，λ（t）也被称为资源的使用者成本。该最优控制问题的一阶必要条件包括静态效率条件、动态效率条件和横截性条件，其中静态效率条件为：

$$\begin{gathered}\frac{\partial H}{\partial q} = B_q(q,S) - C_q(q,S) - \lambda = 0 \\ B_q(q,S) = \frac{\partial B}{\partial q}, C_q(q,S) = \frac{\partial C}{\partial q}\end{gathered} \tag{2-4}$$

该式要求每期的资源开采的边际收益等于边际开采成本与使用者成本的和。动态效率条件为：

$$\dot{\lambda} = \delta\lambda - \frac{\partial H}{\partial S} = \delta\lambda - B_s(q,S) - C_s(q,S)$$
$$B_s(q,S) = \frac{\partial B}{\partial s}, C_s(q,S) = \frac{\partial C}{\partial s} \tag{2-5}$$

或

$$\frac{\dot{\lambda}}{\lambda} + \frac{B_s(q,S) - C_s(q,S)}{\lambda} = \delta \tag{2-6}$$

$\dot{\lambda}$ 表示使用者成本对时间导数，B_s 和 C_s 表示收益和成本对资源剩余储量的导数。动态效率条件要求资源的收益率（包括资本收益和边际净收益）等于折现率。当没有存量效应（Stock Effects），即 $B_s = C_s = 0$ 时，资源的影子价格的增长率等于折现率，即 $\dot{\lambda}/\lambda = \delta$，这就是著名的霍特林法则（Hotelling's Rule）。

资源价格路径通过关于收益和成本函数的特殊假定推导出来。在福利最大化的条件下，收益函数是需求曲线下方的面积，所以开采的边际收益等于资源的价格。当边际开采成本为零时，资源的价格等于影子价格，因此资源价格的增长率也为折现率。霍特林基本模型还说明了开采的时间路径，在需求曲线固定的条件下，资源开采速度会因资源价格的提高而降低。

如果存在存量效应，也就是收益或者成本是剩余资源储量的函数，资源价格的路径更加复杂。收益方面，资源的消耗可以导致永久的资源损失（比如后代人无法享受到资源带来的福利）；成本方面，随着资源的不断开采，开采的难度增大，开采既定数量资源的成本提高。从动态效率条件（2-5）可得出：

$$\lambda(\tau) = \bar{\lambda} + \int_{\tau}^{\infty} e^{-\delta(t-\tau)} C_s(q(t), S(t))\,dt \tag{2-7}$$

$$\bar{\lambda} = \lim_{t\to\infty} e^{-\delta t}\lambda(t) \tag{2-8}$$

等式 2-7 中，$\bar{\lambda}$ 为使用者成本的现值，常被称为霍特林租金（Hotelling Rent）或稀缺租金，等号右边第二部分有时被称为李嘉图存量租金（Ricardian Stock Rent）。该等式说明了经济租金的来源，一是由资源稀缺性产生的霍特林租金，另一个是由资源开采成本产生的李嘉图存量租金。[①]

此外，许多学者还对可耗竭资源征税问题进行了研究。Dasgupta et al.（1981）的研究表明，政府可以利用税收政策调控资源的开采，利润税和销售税能够延迟资源的开采。Gamponia and Mendelsohn（1985）比较了对可耗竭资源征收从量税、收益税、财产税和超额利润税的效率，认为收益税是最有效率的，从量税和财产税是最低效的，如果超额利润税的税基接近开采成本，超额利润税可以比收益税更有效率，且所有的税收负担主要由资源所有者承受。Hung and Quyen（2009）运用动态霍特林模型对可耗竭资源从价征收资源销售税和定额销售税的效果进行了比较，结果表明从价征收资源销售税比定额销售税可以带来更大的税收收入和社会福利。Jeong – Bin（2002）研究了垄断情况下耗竭资源开采的最优税收问题，发现税收可以导致和完全竞争一样的价格和开采路径，因此税收可以被用来矫正由于垄断产生的资源分配扭曲。

当前我国资源税的课税对象主要是可耗竭的矿产资源，可耗竭资源理论的研究成果对资源税的设计具有重要的参考价值，特别是在如下几个方面：可耗竭理论说明了资源收益、价格和开采的变动规律，揭示了可耗竭资源的经济租金来源于其稀缺性和不同的开采成本，认为政府可以利用税收政策调控资源的开采，销售税能够延迟资源的开采，从价征收资源销售税比定额销售税可以带来更大的税收收入和社会福利，税收可以被用来矫正因垄断产生的资源分配扭曲。

2.3　外部性与庇古税理论

外部性（Externality）的概念最早是由 Marshall 在 1890 年出版的《经济学原理》一书中提出的。其后，Pigou（1920）接受和发展了 Mar-

① 以上霍特林模型的数学表达及其解释参见 Krautkraemer，J. A.，1998，Nonrenewable Resource Scarcity，Journal of Economic Literature，36（4）.

shall 关于外部性的思想，在福利经济学的框架下，运用现代经济学方法更加深入地阐述了经济中的外部性问题，形成了外部性研究的理论基础。Pigou 在 Marshall 外部经济概念的基础上，提出了外部不经济（负外部性）的概念，将外部性问题的研究发展到分析经济主体对其他经济主体的影响。概括来说，外部性是指私人的成本或收益与社会的成本或收益不一致的现象，即私人成本与社会成本不相等，或者私人收益与社会收益不相等。根据对社会的影响不同，外部性可分为正外部性和负外部性，如果某经济主体的活动给别人带来福利损失，且该主体并不会为该损失付出代价，他的私人成本小于社会成本，从而会导致负外部性；如果某经济主体的活动给别人带来福利收益，且该主体并不会因该收益得到回报，他的私人收益小于社会收益，从而会导致正外部性，也称为溢出效应。

由于市场失灵的存在，外部性问题只能依靠政府来解决，而政府治理外部性问题可以使用两大政策工具。一是行政手段，即要求企业或居民遵从某种标准（例如技术标准或行为标准）；二是经济手段，即通过明确的价格信号来影响企业或居民的行为，经济手段又可分为基于价格的政策工具（例如税收或补贴）和基于数量的政策工具（例如限额交易制度）。Hepburn（2006）系统地比较了各种政策工具治理外部性的适用情形，认为如果政府难以获得必要的信息且经济主体对政策反应的成本不同，经济手段优于行政手段；存在不确定性的条件下，产品的边际收益曲线比边际成本曲线更平滑时，价格政策工具比数量政策工具更有效。

针对负外部性问题，Pigou 提出政府可以运用税收手段加以解决，即通过征税使私人边际成本与社会边际成本相等，这种税收后来被称作庇古税（Pigouvian Tax）。图 2－2 描述了庇古税治理外部性问题的基本机制。企业 Y 的生产活动导致了外部不经济问题（比如环境污染），也就是它的私人边际成本小于社会边际成本，这里假定外部不经济程度与产品的生产数量正相关。如果不考虑这种外部性成本，该企业的供给曲线 MC_Y 与既定的需求曲线 D 共同决定了产品的价格和产量：均衡价格为 P_1，均衡产量为 Q^*。为了治理这一外部性问题，政府依据企业 Y 的产

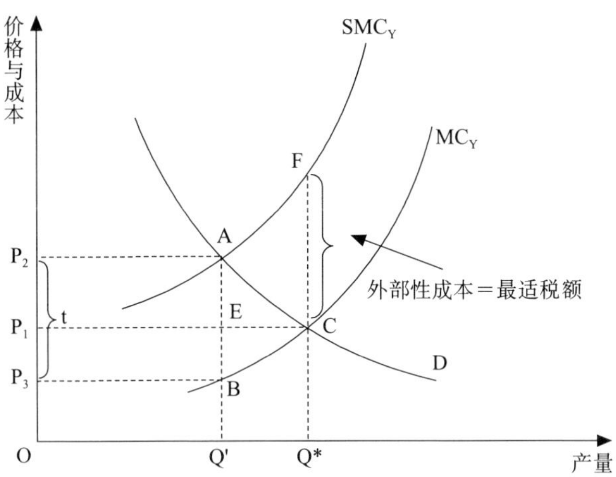

图 2－2　庇古税治理外部性问题的机制

资料来源：郭庆旺、赵志耘：《财政学》，北京：中国人民大学出版社，2002 年版。

量对其课税，税额等于企业 Y 生产行为导致的外部性成本 t。企业 Y 在被课税之后，其生产成本提高 t，企业 Y 的供给曲线移动到 SMC_Y，市场的均衡价格提高到 P_2，均衡产量水平从 Q^* 调整到 Q'，企业 Y 的生产量减少了（$Q^* - Q'$），外部不经济程度也相应地减少。可见，政府通过征收税额等于外部性成本的税，迫使生产企业抑制其过度产量，实现了资源的有效配置。

继 Pigou 之后，许多经济学家对外部性问题和庇古税的效果进行了研究。Baumol（1972）通过构建的一般均衡模型论证了运用税收或补贴手段治理外部性问题的有效性，并对庇古税实际应用中遇到的问题做了分析。Sandmo（1975）研究了存在外部性的条件下的最优税问题，认为庇古税在更加一般的间接税系统中是有效的，即使考虑分配方面的问题也同样有效，因此存在扭曲性税收且分配效应不可避免的情况下，根据庇古税原理对产生外部性的产品征税是合理的。

如果政府用庇古税替代其他对劳动或资本所征的税，可能会带来负外部性的降低和经济效率的提高，也就是产生所谓的双重红利（Double Dividend）。双重红利的概念是由 Pearce（1991）首先提出的，Pearce

(1991) 认为中性的碳税一方面可以抑制污染，另一方面能够替代其他扭曲性的税收（如收入税、企业所得税），从而降低经济中税收的扭曲效应。

还有许多学者对资源环境类税收的效果进行了实证研究，Bosquet (2000) 对这方面的研究进行了综述，分析比较了相关学者的实证结果，发现资源环境类税收在一定条件下会带来经济和环境的改善，同时也会对能源密集型行业产生负面效应，但这是促进能源效率提高和碳排放减少的必要条件，资源环境类税收会损害某些居民的福利，这些居民对引起负外部性的商品消费较大，但如果政府通过财政机制对他们予以补偿的话，这一负面效果会得到弱化。

资源环境问题与资源不合理的开采利用密切相关，究其根源则是资源外部性问题没有得到有效的解决。自然资源开发利用中的短期行为会造成多种外部性问题，比如资源开采过程中对环境的破坏和资源使用中对环境的污染都可以导致环境外部性，而资源的过度消耗则会产生代际外部性。无论是不可再生资源还是可再生资源，当代人对它们的过度消耗必然影响后代人对资源的使用，进而影响未来的经济发展状况和居民福利水平，造成资源在代际间分配的不公，产生代际外部性。假定市场机制中参与主体都是追求实现自身利益最大化的经济人，由于市场机制中存在时间维度的缺失，导致后代人被排除在当代经济行为的决策之外，他们的利益在市场配置资源中被忽视，从而产生代际间的不公平分配问题。这种当代人的行为影响后代人利益的现象就是自然资源的代际外部性问题，体现了市场对自然资源在代际之间配置的失灵。

自然资源的代际外部性体现在三个方面：一是资源总量的减少。不可再生资源的初始总量是固定的，当代人对其的消耗必然使资源总量减少。对可再生资源而言，当代人对其的过度消耗，如果使资源的再生速度小于消耗的速度，资源总量同样会减少殆尽。二是资源结构的变动。当代人倾向于开采品质高且易于开采的优质资源，而把品质较低且不易开采的资源留给后代人，从而导致后代人的开采成本要高于当代人。三是资源开采速度过快。如果缺乏有效的约束机制，当代人只会考虑现在的成本收益，不会考虑后代人的利益，资源价格被低估，导致资源过度开采，后代人的损失增加。

外部性及庇古税理论为资源税和环境税提供了理论依据。自然资源开发过程中产生的环境外部性和代际外部性问题都会带来社会福利损失，避免或减少这部分社会福利损失的方法之一就是征收资源税或环境税。对代际外部性而言，如果当代人对资源的消耗对后代人产生负外部性影响，那么通过对资源的开采征收特定的税收，可以增加当代人利用资源的成本，实现外部成本内在化，从而解决自然资源开发利用中产生的代际外部性问题。

2.4　经济增长理论

传统的经济学理论一般把资源看作是单纯的生产成本问题，自然资源对经济增长的作用没有被充分重视。20 世纪 70 年代以后，相关学者沿着经济增长理论发展的不同方向对经济增长与资源环境的关系进行了研究，分别形成了在新古典经济增长理论和内生经济增长理论框架下研究资源环境问题的文献。

2.4.1　新古典增长理论

在 WCED 的可持续发展概念提出之前，经济学家就开始研究自然资源与经济增长的可持续性问题，这类研究大多以弱可持续性为主题，并以 Solow（1974，1986）、Hartwick（1977，1978，1990）的研究为代表。在经济增长理论中，可持续增长经常被表述为代际间的平等，并被解释成福利的不降低。在一般情况下，福利是效用的函数，而效用是难以衡量的。因此，实际中简单的模型经常把效用等同于消费，被定义为总产出与投资的差额，最大化效用等同于最大化消费。这种维持消费不降低的发展，被称为希克斯持续性（Hicksian Sustainability）。这里的消费经常指由人类生产的商品和服务，不包括自然环境直接带来的福利。

此外，新古典经济学家把可持续性看作整个经济体的资本（总资本或人均资本）维持在某一恒定水平之上的问题。这里的资本包括自然资本，但是人造资本和自然资本之间可以无限替代。这种保持社会总资本存量不变的增长，被称为哈特维克—索洛可持续性（Hartwick – Solow Sustainability）（Common and Perrings，1992）。实际上，要求消费不降低的希克斯可持续与哈特维克—索洛可持续是等价的。

Pearce and Atkinson（1995）给出了的哈特维克—索洛弱可持续的数学表达，其表示为：

$$Z = S/Y - d_M/Y - d_N/Y \tag{2-9}$$

其中，Z 表示可持续性，Y 表示 GNP，S 表示总储蓄，d_M表示人造资本折旧率，d_N表示自然资本折旧率。如果 Z 大于零，那么这个经济是弱可持续的。

另外，Hartwick（1977，1978）探讨了在可耗竭资源约束下实现可持续增长的条件，提出了哈特维克准则（Hartwick Rule）。哈特维克准则是指，如果将从资源开采活动中获取的经济租金（收益超过边际成本的部分）储蓄下来，作为资本投入全部用于再生产，那么产出和消费水平就不会随着时间改变，也就是实现了可持续的发展。但是，哈特维克准则的可行性在很大程度上取决于人造资本与自然资源之间替代弹性（Hartwick，1977）。Dasgupta（1993）的研究结果进一步表明人造资本与自然资源的替代具有比较大的难度，但未来可以获得利润的潜力可以促进技术进步，而技术进步可以克服这些限制。

2.4.2 内生增长理论

新古典增长模型中，假设生产要素的边际报酬递减，技术进步是外生给定的，长期的经济增长取决于外生因素，对此经济学家一直存在争论。20 世纪 80 年代中后期，以 Romer（1990）、Lucas（1988）、Grossman and Helpman（1991）等人为代表的内生增长模型的出现，引起了人们开始关注技术进步在长期经济增长中的作用。这类模型的显著特点在于技术进步或创新是由经济系统内生决定的，结果说明内生增长克服了实物资本边际报酬的降低，因此带来人均资本的积累和经济的持续增长（Barro and Sala – I – Martin，1995）。此后，与环境资源问题相结合的内生增长模型随之产生，相关学者在内生增长模型中考虑了环境污染、自然资源使用、资源耗竭和技术进步与创新等因素，分析了环境污染、资源能源消耗、政府政策与经济增长之间的相互关系。

一些学者（Gradus and Smulders，1993；Ligthart and Ploeg，1994）将环境污染作为物质资本使用过程中的副产品纳入内生增长模型的分析框架，分析了污染积累及其负效用对内生增长的影响。Gradus and Smulders（1993）的结果表明，在内生增长框架下，如果假定实物资本回报不变，污染治理活动会挤占投资，并降低内生经济增长率。如果人力资本积累是增长的动力，内生的最优经济增长率不会被增加的环境治理成本所影响，增长率甚至会提高，但这依赖于污染是否会影响经济主体的学习能力。Ligthart and Ploeg（1994）分析了环境政策对经济增长和环境的影响，认为严格的环境政策会降低经济增长率，改善环境质量，提高最优的所得税税率，降低经济增长率，并改变政府的支出结构，政府支出由生产性支出转向公共消费和减排支出。

Smulders（1995）较早地研究了内生技术进步和资源稀缺性对经济增长的潜在影响，该研究对知识创新如何实现在资源环境约束下的经济增长进行了分析，模型结果表明，如果技术进步足够大，资源的限制可以被抵消，这里的技术进步是指可以改变制度设计、资源替代可能性和偏好的发明、创新与研发。另外，Smulders（1995）认为可持续增长要求环境政策对社会的投资加以引导，保证其数量和正确的方向，特别是在资源保护、污染治理和环境友好技术研发方面。Barbier（1999）同样在内生增长模型的框架下研究了资源稀缺性问题，结果表明在不考虑资源稀缺性会影响创新的条件下，技术进步可以带来持续的经济增长，这也验证了新古典增长模型关于资源稀缺性问题的结论。Barbier（1999）认为如果考虑资源稀缺性对创新的消极影响，经济的持续性依赖于技术进步的速度和资源利用的效率，资源依赖性强的低收入国家应当降低资源的消耗，并且提高技术研发投入，以保证经济的长期增长。

也有学者研究了不同种类的税收对经济增长的影响，Groth and Schou（2007）运用内生增长模型比较了传统的资本利得税、投资补贴和资源税的增长效应，认为如果不可再生资源是某一经济部门必要的投入，资本利得税将不会影响经济的长期增长，而资源税却对经济增长起着决定性作用，如果资源税税率随时间不断下降则会有利于资源保护和经济增长。

税收政策是经济增长的重要影响因素，对资源征税需要考虑资源和税收本身对经济增长的影响。经济增长理论探讨了资源环境问题与经济增长的关系，并提出了相关的政策启示。经济增长是经济发展的内容之一，我们强调资源环境可持续的同时，也应当重视经济增长的可持续。无论是新古典增长理论，还是内生增长理论，虽然所用的模型不同，结果都强调技术进步的作用。政府可以通过资源税引导经济主体的行为，将获得的来源于资源经济租金的税收收入用于支持新技术的研发，带动技术进步和资源利用效率的提高，实现可持续的经济增长。

2.5 本章小结

本章综述了与资源环境问题及其治理相关的理论，主要包括可持续发展理论、可耗竭资源理论、外部性与庇古税理论和经济增长理论，这些理论构成了本书研究的理论基础。

自然资源合理高效的开发利用问题是可持续发展研究的重要内容。一方面，对资源的过度消耗必然会减少下一代人发展经济所需资源的可用数量，资源消耗不仅会造成国家间和地区间的不平等，而且会导致代际间的不平等。另一方面，资源开采过程中对自然环境的破坏，使用过程中对环境的污染，都会影响当代人的生活质量，也会对后代人的生活造成影响。因此，自然资源能否合理高效地开发和利用关系到整个社会可持续发展的实现。可持续发展的相关理论阐明了可持续发展的内涵和实现原则，特别是对自然资源开发利用提出的若干要求，如自然资源的开采数量和速度应当满足一定的标准，对我国资源税改革具有较大的参考价值。

当前我国资源税的课税对象主要是可耗竭的矿产资源，可耗竭资源理论的研究成果对资源税制的设计具有重要的参考价值，特别是在如下几个方面：可耗竭资源理论说明了资源收益、价格和开采的变动规律，揭示了资源的经济租金来源于其稀缺性和不同的开采成本，认为政府可以利用税收政策调控资源的开采，从价征收资源销售税比定额销售税可以带来更大的税收收入和社会福利，税收可以被用来矫正由于垄断产生的资源分配扭曲。

自然资源开发利用中的短期行为会造成多种外部性问题，比如资源开采过程中对环境的破坏和资源使用中对环境的污染都可以导致环境外部性，而资源的过度消耗则会产生代际外部性，这些外部性问题都会带来社会福利损失，避免或减少这部分社会福利损失的方法之一就是征收资源税或环境税。因此，外部性及庇古税理论为资源税和环境税提供了理论依据。

经济增长理论探讨了资源环境问题与经济增长的关系，并提出了相关的政策启示。经济增长是经济发展的内容之一，我们强调资源环境可持续的同时，也应当重视经济增长的可持续。无论是新古典增长理论，还是内生增长理论，虽然所用的模型不同，结果都强调技术进步的作用。政府可以通过资源税引导经济主体的行为，将获得的税收收入用于支持新技术的研发，带动技术进步和资源利用效率的提高，实现可持续的经济增长。

第3章 我国资源税制的分析评价

本章简要介绍我国资源税费制度的历史变迁和现状，分析自然资源开发利用存在的问题，考察现行资源税制度存在的问题。

3.1 资源税费制度的历史变迁

随着经济体制改革的不断深入，我国资源税费制度经历了多次的重大改革，实现了从无偿开采到有偿取得的转变，在不同的历史时期具有不同的特点。

3.1.1 无偿开采阶段（1949—1982年）

新中国成立后，我国在很长一段时间实行的是矿产资源无偿开采制度。当时颁布的《全国税政实施要则》规定对盐的生产、运销征收盐税，并没有专门针对矿产资源的税收。可见，这一阶段除盐以外的其他矿产资源基本上是无偿获得的。这一制度产生的原因是多方面的：在马克思的劳动价值论的影响下，自然资源的价值被忽视；在高度集中的计划经济条件下，政府集社会管理者、资源所有者和开发者等身份于一体，无须划清矿产资源各种利益关系。

3.1.2 有偿开采的萌芽阶段（1982—1984年）

1982年1月，国务院颁布了《中华人民共和国对外合作开采海洋石油资源条例》，规定中外合作开采海洋石油资源的中外企业都应缴纳税款和矿区使用费，这标志着国家参与资源利益分配的开端。但是，由于历史条件的限制，当时对自然资源的性质及相关的利益分配关系的认识是模糊的，该条例只涉及中外合作开采海洋石油的中外企业，大部分的资源开采活动依然是无偿的，而且该法规没有及时落实，因此只能看成是我国矿产资源有偿开采制度的萌芽。

3.1.3　资源税费并存制度的建立（1984—1994 年）

（1）第一代资源税制度的确立

1984 年 9 月，国务院颁布了《中华人民共和国资源税条例（草案）》，规定对在我国境内从事原油、天然气和煤炭开采的企业征收资源税，开采其他矿产的企业暂缓征收，征收方式为按四级超率累进税率从价定率征收，起征点为 12% 的销售利润率。这标志着我国第一代资源税制度的建立，其目的是调节资源开采企业的级差收益，促进企业之间公平竞争。其后，政府对资源税制度进行了一定的调整，1986 年 1 月将煤炭资源税改按实际销量定额征收，1992 年 1 月起对铁矿石从量定额征收资源税。

（2）矿产资源有偿使用原则的确立

1986 年 3 月，全国人大常委会颁布了《中华人民共和国矿产资源法》，规定国家对矿产资源实行有偿开采，开采矿产资源必须缴纳资源税和资源补偿费。这标志着新中国矿产资源有偿使用制度正式以法律的形式确立下来，推动了我国矿产资源有偿使用制度的建立。但是，它只是确定了矿产资源有偿使用的基本原则，而有偿使用的具体实现形式还不够完备，特别是资源补偿费具体的征收方式尚未明确。

（3）矿业权的登记取得办法实行

1987 年 4 月，国务院发布了《矿产资源勘查登记管理暂行办法》和《全民所有制矿山企业采矿登记管理暂行办法》，规定矿产勘查工作必须申请登记，取得探矿权，全民所有制矿山企业必须办理采矿登记手续，取得采矿权，但未涉及探矿权费和采矿权费问题。

（4）矿区使用费付诸实践

1989 年 1 月，财政部发布了《关于开采海洋石油资源缴纳矿区使用费的规定》，该规定是对 1982 颁布的《对外合作开采海洋石油资源条例》的落实和拓展。该规定指出，从事开采海洋石油资源的中外企业都应当缴纳矿区使用费，而不仅限于中外合作企业。1990 年 1 月财政部公布了《中外合作开采陆上石油资源缴纳矿区使用费暂行规定》，明确中外合作开采陆上石油资源也应当缴纳矿区使用费。

3.1.4 资源税费并存制度的演进（1994—2010年）

（1）第二代资源税制度的确立和改进

20世纪80年代以来，在国家一般公共预算收入中中央政府收入占比维持在较低水平，国家财政收入主要由地方政府支配，中央政府财政职能的充分实现受到自身财力的严重制约。1993年国家一般公共预算收入为4348.95亿元，其中中央收入为957.51亿元（占比22.02%），地方收入为3391.44亿元（占比77.98%），后者是前者的3.5倍。[①] 为了改变这种局面，1994年我国对原有的财政管理体制进行重大改革，开始实行分税制财政管理体制。[②]

在此次财政管理体制改革中，资源税改革是其中的重要组成部分。1993年12月，国务院颁布了《中华人民共和国资源税暂行条例》，随后财政部和国家税务总局分别公布了相应的实施细则和管理办法，对第一代资源税进行了多方面的重大调整，建立起了第二代资源税制度。具体来说，改变计征方式，不再按超额利润计征，改按销售量定额计征，并考虑资源的优劣实行一矿一率；扩大征税范围，恢复对金属和非金属矿产品征税，将盐纳入资源税体系；适度提高单位税额。其后，财政部和国家税务总局对相关资源的适用税率进行了多次调整。

（2）矿产资源补偿费和矿业权有偿取得制度付诸实践

1994年2月，国务院发布了《矿产资源补偿费征收管理规定》（国务院令第150号）明确了矿产资源补偿费的计征方法和费率，落实了《中华人民共和国矿产资源法》关于矿产资源补偿费的规定。[③] 根据该管理规定，采矿权人按销售收入比例上交补偿费，计算公式如下：

矿产资源补偿费＝矿产资源产品收入×补偿费费率×回采率系数

开采回采率系数＝核定开采回采率/实际开采回采率

石油、天然气、煤炭、煤层气、石煤、油砂的补偿费费率为1%，

① 根据国家统计局国家数据网站相关数据整理得出。

② 《国务院关于实行分税制财政管理体制的决定》（国发〔1993〕85号）。

③ 该规定后经1997年7月3日国务院令第222号修改。

湖盐岩盐、天然卤水的补偿费费率为 0.5%，其他矿产品的补偿费费率为 2%—4% 不等。①

1996 年 8 月，全国人大常委会对《中华人民共和国矿产资源法》进行了修订，确立了矿业权的有偿取得制度，强化了国家对矿产资源的所有权。1998 年 2 月，国务院发布了《矿产资源勘查区块登记管理办法》（国务院令第 240 号）《矿产资源开采登记管理办法》（国务院令第 241 号）《探矿权采矿权转让管理办法》（国务院令第 242 号），1999 年 6 月，财政部、国土资源部公布了《探矿权采矿权使用费和价款管理办法》（财综字〔1999〕74 号），就矿产资源的探矿权和采矿权的有偿取得及转让予以规范，对探矿权采矿权使用费和价款的收取做了明确规定。2003 年 6 月，国土资源部公布了《探矿权采矿权招标拍卖挂牌管理办法（试行）》（国土资发〔2003〕197 号），招标拍卖挂牌的方式成为探矿权采矿权出让方式之一。国家作为矿产资源的所有者，矿业权有偿取得方式体现了国家的矿产资源所有权权益。

（3）开征石油特别收益金

2004 年以来，国际油价持续上涨，国内原油采掘业利润大幅提升，同时其他行业和社会用油成本提高，导致原油采掘业与其他行业的利益分配差距不断扩大。为了平衡各行业的利益分配，完善国内石油价格形成机制，2006 年 3 月国务院决定对石油开采企业销售国产原油因油价上涨获得的超额收入征收石油特别收益金。随后财政部公布了《石油特别收益金征收管理办法》（财企〔2006〕72 号），规定石油特别收益金实行五级超额累进从价定率计征，属中央财政非税收入，纳入中央财政预算管理。

3.1.5　资源税费制度的全面改革（2010 年至今）

（1）新型资源税制的逐步确立

随着可持续发展理念和建设资源节约型、环境友好型社会理念的不断深入，我国资源税改革进程加快。2010 年 6 月，财政部、国家税务总局发布了《关于新疆原油天然气资源税改革若干问题的规定的通知》（财税〔2010〕54 号），决定 2010 年 6 月 1 日率先在新疆进行资源税改

① 《矿产资源补偿费征收管理规定》（国务院令第 150 号）。

革试点，将原油、天然气的资源税按销售收入实行从价计征，税率为5%。2010 年 11 月，财政部、国家税务总局发布了《关于西部地区原油天然气资源税改革若干问题的规定的通知》（财税〔2010〕112 号），决定 2010 年 12 月 1 日起将原油、天然气资源税从价计征改革扩大到四川、贵州、云南等西部 12 省区实施。2011 年 9 月，国务院对《中华人民共和国资源税暂行条例》进行了修改，油气资源税改革经过试点之后推向全国，新《条例》规定 2011 年 11 月 1 日起原油和天然气资源税按销售收入实行从价计征，税率区间为 5%—10%（实际按 5% 征收），并提高了焦煤的定额税率。2014 年 10 月，财政部、国家税务总局发布了《关于调整原油、天然气资源税有关政策的通知》（财税〔2014〕73 号），决定 2014 年 12 月 1 日起将原油、天然气资源税适用税率由 5% 提高至 6%。

2014 年 11 月，财政部、国家税务总局发布了《关于实施煤炭资源税改革通知》（财税〔2014〕72 号），决定煤炭资源税于 2014 年 12 月 1 日起实行从价计征改革，并规定了相关的税收优惠措施。2016 年 5 月，财政部、国家税务总局发布了《关于全面推进资源税改革的通知》（财税〔2016〕53 号），决定 2016 年 7 月 1 日起全面推进资源税改革，对《资源税税目税率幅度表》中列举名称的 21 种资源品目和未列举名称的其他金属矿实行从价计征，在河北省开展水资源税改革试点工作，加强矿产资源税收优惠政策管理。与此同时，财政部、国家税务总局、水利部印发了《水资源税改革试点暂行办法》（财税〔2016〕55 号）。经过此次大幅度的资源税改革，矿产品的价格形成机制得到进一步完善，对提高资源综合利用效率有重要作用。2017 年 11 月，财政部、国家税务总局、水利部发布《关于印发〈扩大水资源税改革试点实施办法〉的通知》（财税〔2017〕80 号），决定 2017 年 12 月 1 日起在北京、天津、山西、内蒙古、山东、河南、四川、陕西、宁夏等 9 个省（自治区、直辖市）扩大水资源税改革试点。2019 年 8 月，《中华人民共和国资源税法》经十三届全国人大常委会第十二次会议表决通过，将于 2020 年 9 月 1 日起施行，在税制设计上资源税法与现行政策保持一致。

（2）停征矿产资源补偿费和完善矿业权有偿取得制度

根据我国新一轮资源税改革的不断深入，国土资源部、财政部、国家发展改革委发布了《关于全面清理涉及煤炭原油天然气收费基金有关问题的通知》（财税〔2014〕74 号），决定自 2014 年 12 月 1 日起将煤炭、原油、天然气的矿产资源补偿费率降为零。根据财政部、国家税务总局发布的《关于全面推进资源税改革的通知》（财税〔2016〕53 号），2016 年 7 月 1 日起在实施资源税从价计征改革的同时，将全部资源品目矿产资源补偿费费率降为零，标志着我国矿产资源补偿费制度停止实施。

为更好地发挥矿产资源税费制度对维护国家权益、调节资源收益、筹集财政收入的重要作用，推进生态文明领域国家治理体系和治理能力现代化，2017 年 4 月，国务院发布了《矿产资源权益金制度改革方案》（国发〔2017〕29 号）。该改革方案将现行只对国家出资探明矿产地收取、反映国家投资收益的探矿权采矿权价款，调整为适用于所有国家出让矿业权、体现国家所有者权益的矿业权出让收益，将现行主要依据占地面积、单位面积按年定额征收的探矿权采矿权使用费，整合为根据矿产品价格变动情况和经济发展需要施行动态调整的矿业权占用费。2017 年 6 月，财政部、国土资源部发布了《矿业权出让收益征收管理暂行办法》（财综〔2017〕35 号），进一步明确了矿业权出让收益征收、缴款、监管等方面的具体规定。

（3）取消矿区使用费

为了统一内外税制和完善资源有偿使用制度，2011 年 9 月国务院对《中华人民共和国对外合作开采海洋石油资源条例》和《中华人民共和国对外合作开采陆上石油资源条例》进行了修改，规定中外合作开采海洋与陆上石油资源的中外企业不再缴纳矿区使用费，改为缴纳资源税和矿产资源补偿费，标志着实行 20 余年的矿区使用费被取消。①

3.2　现行资源税费制度概况

当前我国资源开采领域存在多种税费，全国范围的税费有资源税、

① 根据财政部、国家税务总局发布的《关于全面推进资源税改革的通知》（财税〔2016〕53 号），2016 年 7 月 1 日起全部资源品目矿产资源补偿费费率降为零。

矿业权出让收益、矿业权占用费和石油特别收益金等。2017 年，我国资源税收入为 904 亿元，同比增长 42.33%；探矿权出让价款 32.96 亿元，同比下降 81.8%，采矿权出让价款 174.74 亿元，同比增长 0.80%。[①]

3.2.1 资源税

我国现行的资源税是在 1994 年实行的第二代资源税的基础上，经 2011 年 9 月、2014 年 11 月、2016 年 5 月的改革而形成的。按照税务部门的解释，对矿产资源征收资源税的目的包括："一是促进国有资源合理开采、节约使用和有效配置；二是合理调节由于资源条件差异而形成的级差收入，促使企业在同一起跑线上公平竞争；三是为国家取得一定的财政收入；四是有利于正确处理国家与企业、个人之间的分配关系；五是有利于实行分税制。"[②] 虽然资源税有如此多的目的，但在实际中贯彻的是"普遍征收，级差调节"的原则。

资源税的纳税人为在我国领域及管辖海域开采相关矿产品或者生产盐的单位和个人。资源税的税目包括原油、天然气、煤炭、黑色金属矿原矿、有色金属矿原矿和海盐等六大类。资源税的应纳税额按从价定率或从量定额办法计算：对原油、天然气、煤炭以及《资源税税目税率幅度表》中列举名称的 21 种资源品目和未列举名称的其他金属矿实行从价计征；对经营分散、多为现金交易且难以控管的黏土、砂石，按照便利征管原则，实行从量定额计征；对《资源税税目税率幅度表》中未列举名称的其他非金属矿产品，按照从价计征为主、从量计征为辅的原则，由省级人民政府确定计征方式，具体税率见表 3－1。根据 1994 年实行的分税制财政管理体制的要求，资源税属于共享税，陆上资源税收入归地方政府所有，海洋资源税收入归中央政府所有。[③]

---

① 自然资源部：《2017 中国土地矿产海洋资源统计公报》。

② 中华人民共和国国家税务总局流转税管理司、所得税管理司、地方税管理司：《中华人民共和国新税制通释》，北京：中国经济出版社，1994 年版。

③ 《国务院关于实行分税制财政管理体制的决定》（国发〔1993〕第 85 号）。

表 3－1　　资源税的税目和税率表

税　目		税　率
一、原油		6%
二、天然气		6%
三、煤炭		2%—10%
四、金属矿	铁矿精矿	1%—6%
	金矿金锭	1%—4%
	铜矿精矿	2%—8%
	铝土矿原矿	3%—9%
	铅锌矿精矿	2%—6%
	镍矿精矿	2%—6%
	锡矿精矿	2%—6%
	未列举名称的其他金属矿产品	不超过 20%
五、非金属矿	石墨精矿	3%—10%
	硅藻土精矿	1%—6%
	高岭土原矿	1%—6%
	萤石精矿	1%—6%
	石灰石原矿	1%—6%
	硫铁矿精矿	1%—6%
	磷矿原矿	3%—8%
	氯化钾精矿	3%—8%
	硫酸钾精矿	6%—12%
	井矿盐（氯化钠初级产品）	1%—6%
	湖盐（氯化钠初级产品）	1%—6%
	提取地下卤水晒制的盐（氯化钠初级产品）	3%—15%
	煤层（成）气原矿	1%—2%
	黏土、砂石原矿	每吨或立方米 0.1 元—5 元
	未列举名称的其他非金属矿产品	从量税率每吨或立方米不超过 30 元；从价税率不超过 20%
六、海盐	氯化钠初级产品	1%—5%

资料来源：《财政部、国家税务总局关于全面推进资源税改革的通知》（财税〔2016〕53 号），《财政部、国家税务总局关于调整原油、天然气资源税有关政策的通知》（财税〔2014〕73 号）。

根据2016年5月财政部、国家税务总局发布的《关于全面推进资源税改革的通知》(财税〔2016〕53号),在河北省开展水资源税改革试点工作。改试点采取水资源费改税方式,将地表水和地下水纳入征税范围,实行从量定额计征,对高耗水行业、超计划用水以及在地下水超采地区取用地下水的行为,适当提高税额标准,正常生产生活用水维持原有负担水平不变。根据财政部、国家税务总局、水利部发布的《关于印发〈扩大水资源税改革试点实施办法〉的通知》(财税〔2017〕80号),在北京、天津、山西、内蒙古、山东、河南、四川、陕西、宁夏9个省(自治区、直辖市)扩大水资源税改革试点。

为了加强矿产资源税收优惠政策管理,提高资源综合利用效率,对符合条件的采用充填开采方式采出的矿产资源,资源税减征50%;对符合条件的衰竭期矿山开采的矿产资源,资源税减征30%;对鼓励利用的低品位矿、废石、尾矿、废渣、废水、废气等提取的矿产品,由省级人民政府根据实际情况确定是否减税或免税。①

3.2.2 矿业权出让收益②

矿业权出让收益是国家基于自然资源所有权,将探矿权、采矿权出让给探矿权人、采矿权人而依法收取的国有资源有偿使用收入。矿业权出让收益包括探矿权出让收益和采矿权出让收益。

矿业权的出让方式包括招标、拍卖、挂牌等竞争方式和协议方式。通过招标、拍卖、挂牌等竞争方式出让矿业权的,矿业权出让收益按招标、拍卖、挂牌的结果确定;通过协议方式出让矿业权的,矿业权出让收益按照评估价值、市场基准价就高确定。

矿业权出让收益原则上通过出让金额的形式征收。对属于资源储量较大、矿山服务年限较长、市场风险较高等情形的矿业权,可探索通过矿业权出让收益率的形式征收。以出让金额形式征收的矿业权出让收益,低于规定额度的,可一次性征收;高于规定额度的,可按相应原则分期缴

① 《关于全面推进资源税改革的通知》(财税〔2016〕53号)。
② 《矿业权出让收益征收管理暂行办法》(财综〔2017〕35号)。

纳。以出让收益率确定的矿业权出让收益，在矿山开采时按年度征收，计算公式为：年度矿业权出让收益 = 矿业权出让收益率 × 矿产品年度销售收入。

3.2.3　矿业权占用费

根据国务院发布的《矿产资源权益金制度改革方案》（国发〔2017〕29 号），将现行主要依据占地面积、单位面积按年定额征收的矿业权使用费，整合为根据矿产品价格变动情况和经济发展需要实行动态调整的矿业权占用费。有关部门尚未发布矿业权占用费的具体征收办法，原矿业权使用费的征收办法如下：

矿业权使用费是指国家将矿产资源的矿业权出让给矿业权人，按规定向矿业权人收取的使用费。其中，探矿权使用费以勘查年度计算，按区块面积逐年缴纳，第一个至第三个勘查年度，每平方公里每年缴纳 100 元，从第四个勘查年度起每平方公里每年增加 100 元，最高不超过每平方公里每年 500 元；采矿权使用费按矿区范围面积逐年缴纳，每平方公里每年 1000 元。①

3.2.4　石油特别收益金②

国家对石油开采企业销售国产原油获得的超额收入征收石油特别收益金。石油特别收益金实行五级超额累进比率从价计征，征收比率按石油开采企业销售原油的月加权平均价格确定（见表 3－2），起征点为 65 美元/桶，实行按月计算、按季申报。

表 3－2　　石油特别收益金征收比率

原油价格（美元/桶）	征收比率（%）	速算扣除数（美元/桶）
65—70（含）	20	0
70—75（含）	25	0.25

① 《探矿权采矿权使用费和价款管理办法》（财综字〔1999〕74 号）。

② 《石油特别收益金征收管理办法》（财企〔2006〕72 号），《关于提高石油特别收益金起征点的通知》（财企〔2011〕480 号），《关于调整石油特别收益金征收方式的通知》（财企〔2012〕42 号）。

续表

原油价格（美元/桶）	征收比率（%）	速算扣除数（美元/桶）
75—80（含）	30	0.75
80—85（含）	35	1.5
85 以上	40	2.5

资料来源：《财政部关于提高石油特别收益金起征点的通知》（财税〔2014〕115 号）。

3.3 自然资源开发利用存在的问题

长期以来，我国自然资源在开发利用中存在一些突出问题，主要表现在资源的过度消耗和利用效率偏低等方面。

3.3.1 自然资源消耗过度

自然资源的过度消耗已经成为制约我国经济社会可持续发展的重要瓶颈，长期以来不可再生资源的需求数量巨大，并且保持着较高的增长速度，许多可再生资源也由于过度开发面临衰退的威胁。

（1）不可再生资源消耗严重

我国对资源产品的需求长期以来维持在较高的水平，不可再生资源消耗严重。在不可再生资源中，我国的能源过度消耗问题较为典型。我国能源绝大部分来自化石能源（见图 3－1），2018 年我国能源消费总量为 46.40 亿吨标准煤，其中煤炭占 59.0%，石油占 18.9%，天然气占 7.8%，三者合计高达 85.7%。如图 3－2 所示，我国能源消费长期以来保持着较高的增长率，特别是 2002 年以来能源消费增长率明显提高，年均增长率高达 6.49%。

除能源以外，我国其他一些不可再生资源的需求量和增速也比较大。据统计，2018 年我国粗钢、十种有色金属产销量均位居全球首位，其中铁矿石产量 7.6 亿吨，较上年减少 3.1%，消费量 13.7 亿吨（标矿）；粗钢产量 9.3 亿吨，较上年增长 6.6%；十种有色金属产量 5702.7 万吨，较上年增长 3.7%，其中精炼铜 902.9 万吨，较上年增长 0.7%，电解铝

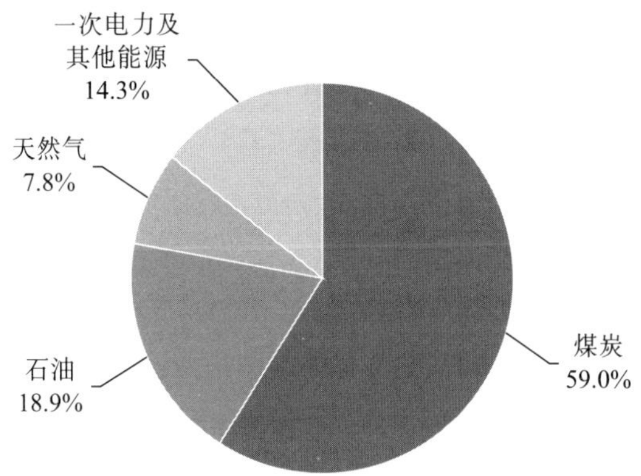

图 3 - 1　2018 年我国能源消费结构

资料来源：根据《中国统计年鉴 2019》整理得出。

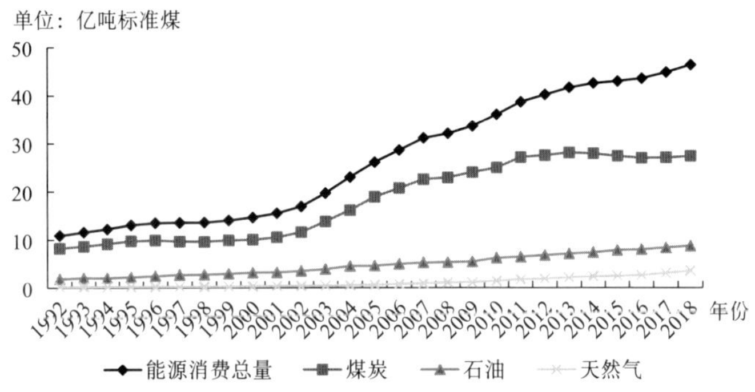

图 3 - 2　1992—2018 年我国能源消费量变动情况

资料来源：根据《中国统计年鉴 2019》整理得出。

3580.2 万吨，较上年增长 7.5%。[①]

（2）可再生资源面临衰退的威胁

由于过度开发利用，我国一些可再生资源的储量减少迅速。如果消耗速度超过了再生的速度，可再生资源就会处于衰退的境地。目前，我国的许多可再生资源就面临着衰退的威胁，这一问题以水资源和森林资源较为典型。

随着人口的增长，我国用水需求大幅提高。1998 年全国总用水量

① 中华人民共和国自然资源部：《中国矿产资源报告 2019》，北京：地质出版社，2019 年版。

5435.4 亿立方米，到 2018 年全国总用水量达到了 6015.5 亿立方米，增长了 10.67%。[①] 全国大部分地区水资源开发利用程度过高。如表 3－3 所示，2018 年全国水资源开发利用率为 21.90%，辽河区、海河区、黄河区、淮河区、西北诸河区均超过了国际公认的 40% 的警戒线。

表 3－3　　2018 年我国水资源开发利用情况

地　区	水资源量（亿立方米）	用水量（亿立方米）	开发利用率（%）
松花江区	1688.6	479.2	28.38
辽河区	387.1	193.7	50.04
海河区	338.4	371.3	109.72
黄河区	869.1	391.7	45.07
淮河区	1028.7	615.7	59.85
长江区	9373.7	2071.6	22.10
东南诸河区	1517.7	304.6	20.07
珠江区	4777.5	826.3	17.30
西南诸河区	5986.5	106.5	1.78
西北诸河区	1495.3	654.9	43.80
全国合计	27462.5	6015.5	21.90

资料来源：《中国水利统计年鉴 2019》。

人口的快速增加和经济的高速增长加速了对森林资源的消耗。我国每年林业产品的产量较大且增长迅速。1998—2018 年，木材年产量从 5966.2 万立方米增长到 8810.86 万立方米，增长了 47.68%；竹材年产量从 69253 万根增长到 315517 万根，增长了 3.56 倍；锯材年产量从 1787.6 万立方米增长到 8361.83 万立方米，增长了 3.68 倍。[②]

3.3.2　自然资源利用效率偏低

自然资源的利用效率偏低是我国资源开发利用中的另一个突出问题。由于缺乏必要的约束机制，长期以来我国自然资源的利用方式粗

① 《中国水利统计年鉴 2009》《中国水利统计年鉴 2019》。

② 根据《中国林业统计年鉴 2017》《中国林业和草原统计年鉴 2018》相关数据整理得出。

放，利用效率低下，导致了严重的资源浪费，同时也加剧了资源的过度消耗。

资源的使用强度指标可以用来衡量资源的整体利用效率。使用强度是指创造单位 GDP 所消耗的资源或相关原材料的数量。资源的使用强度越高，说明资源的利用效率越低。图 3－3 列出了 2014 年世界 GDP 排名前五的国家的单位 GDP 能耗，可以看出我国能源使用强度远高于其他国家。如图 3－3 所示，2014 年中国单位 GDP 能耗为 1.75 吨油当量/万美元，高于中等收入国家平均水平 26.81%，是世界平均水平的 1.38 倍，高收入国家的 1.55 倍，美国的 1.31 倍，日本的 1.88 倍，德国的 2.01 倍，英国的 2.40 倍。

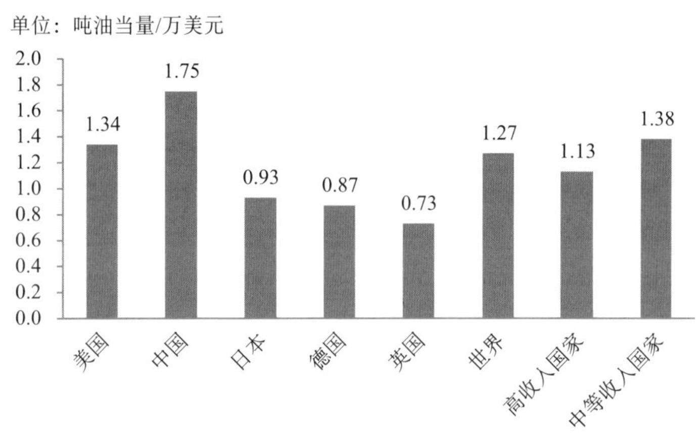

图 3－3　2014 年部分国家和地区单位 GDP 能耗

资料来源：《国际统计年鉴 2018》。

除能源以外，我国可再生资源的使用强度也同样过高。以淡水资源为例，如图 3－4 所示，2014 年中国单位 GDP 用水量为 579 立方米/万美元，虽然低于中等收入国家平均水平，但比世界平均水平高 15.57%，是高收入国家的 2.87 倍；在当年世界 GDP 排名前五的国家中，中国的单位 GDP 用水量是最高的，是美国的 2.40 倍，日本的 3.27 倍，德国的 6.81 倍，英国的 21.44 倍。

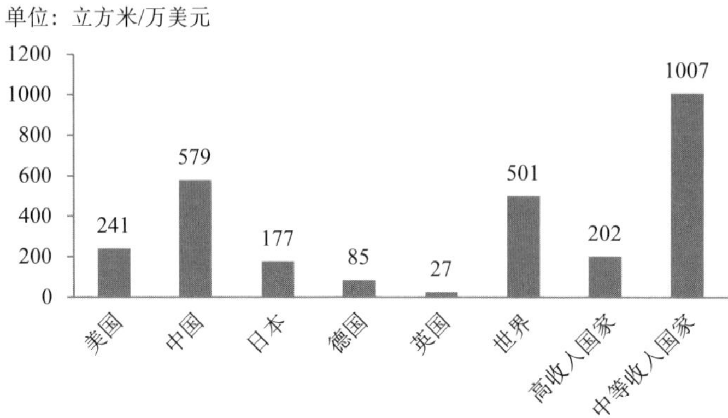

图 3-4 2014 年部分国家和地区单位 GDP 用水量

资料来源：根据《国际统计年鉴 2016》《国际统计年鉴 2018》相关数据整理得出。

3.4 现行资源税制度存在的问题

我国自然资源开发利用中存在如上问题的原因是多方面的，其中一个重要因素就是，作为政府在资源领域的调控工具，资源税在促进资源节约方面没有起到应有的作用。虽然经过多次改革，资源税的调节功能得到了加强，但与当前生态文明建设的要求相比，资源税仍然需要进一步完善。

3.4.1 资源税的功能定位不够明确

当前我国全国范围的税费有资源税、矿业权占用费和石油特别收益金等。由于多方面的原因，这些税费在功能定位上理论依据模糊，相互交叉重叠，难以充分发挥各自的作用。资源税费的功能定位是资源税改革面临的首先要解决的根本问题。《中华人民共和国资源税暂行条例》和《中华人民共和国资源税法》并未对资源税的功能加以说明，现行资源税最初设立的目的是为了调节矿产资源开发活动中的级差收益，实际中贯彻的是“普遍征收，级差调节”的原则。在实行国家定价，而且资源税从量计征的情况下，用资源税来调节企业间的级差收益是可行的。

但是，在当前的市场经济条件下，资源产品的市场化程度已经较高，随着我国资源有偿使用制度的完善，矿产资源的优劣会直接体现为各类交易价格和成本的差异，因矿产优劣产生的级差收益不再必然需要通过资源税进行调节，而且从价按比例税率计征为主的资源税对企业利润调节的力度较为有限。同时，我国资源税的征税范围已经不再局限于矿产品，资源税调节矿产资源开发活动中的级差收益的功能定位已不适应当前的发展需要。另外，在我国亟须建立促进自然资源合理高效地开发和利用的体制机制的背景下，作为资源开发利用中的重要税种，资源税应当发挥重要作用。

3.4.2　资源税的征税范围有待扩大

从生态文明建设的视角看，所有稀缺的自然资源都需要进行保护。虽然某些自然资源是可再生的，但是如果人类对其的消耗程度超过了其再生的速度，可再生资源就会转变成不可再生资源，最终耗竭殆尽。加之我国人均自然资源不足，经济发展对自然资源的消耗过大，自然资源保护问题亟待解决。因此，除了矿产资源外，其他稀缺的自然资源也应当包括在资源税的征税范围之内，而我国现行资源税的征税范围包括盐和原油、天然气、煤炭、金属矿和非金属矿原矿等矿产品，还有许多自然资源不在征税范围之内。

资源税的征税范围过窄，可能会导致多方面的不利后果。一是不能有效遏制征税范围之外的自然资源的过度开采。如果把资源税的功能定位于保护资源和促进资源的合理利用，而不是筹集财政收入的话，征税范围过窄的资源税难以起到对其他稀缺自然资源的保护作用，相关企业开发资源的成本无法通过税收传导机制而提高，进而导致相关资源被过度地开采。二是无法调节征税范围之外的自然资源产品的过度需求。在市场经济条件下，资源税是资源产品价格的组成部分之一，能够使应税资源产品的价格相对于非应税资源产品偏高，进而直接影响企业和个人对应税资源及其下游产品的需求。如果资源税缺位的话，则无法通过其抑制非税自然资源及其下游产品的过度需求。三是不利于税收的公平原则的实现。同样是开发利用稀缺的自然资源，如果有的资源征收资源税，有的资源不予征收，这显然不符合税收的公平原则。当前，水资源、森林资源、草场资源和湿地资源等的开发利用已较为普遍，由于缺乏必要的规制措施，特别是资源税的缺位，资源开发和利用效率大都不高。

3.4.3 资源税的税率设计需要优化

由于资源税的定位限制在1994年税制改革时所确定的功能上，没有充分考虑到促进资源节约利用的目的，资源税的税率长期处于较低水平。经过2011年11月实施的油气资源税改革、2014年12月实施的煤炭资源税改革和2016年7月实施的资源税全面改革以后，中国绝大多数矿产品已经实行从价计征，实际税率水平业有所提高。但是与当前充分实现资源税保护资源功能的需要相比，资源税税率普遍不高，各省的差距也比较大，仍然存在改革空间。如煤炭资源税法定税率幅度为2%—10%，除内蒙古（9%）、山西（8%）、陕西（6%）、青海（6%）等少数省份外，大多数省份执行6%以下的低税率，其中北京、河南、安徽、辽宁、江西等多个省市则选用了最低税率2%。① 另外，我国资源税税率的设置较为宽泛，主要是根据资源类别进行设置。但是，同一类别的资源在产品品质、开采条件、环境影响等方面是不同的，如果在设置税率时对其不加以考虑，则会影响资源税调节功能的针对性。

资源税通过价格传导机制对资源开采和使用等环节起到有效调节作用，需要适当的税率水平加以保障，如果税率过低则难以实现保护资源的政策目标。由于资源税税率偏低，资源税在资源开采企业的成本中占比不高，难以引起企业对资源充分利用的重视，导致开采过程中的“采富弃贫”行为。同时，由于资源的代际外部性等市场失灵问题，资源产品的市场价格难以体现其稀缺性，而过低的资源税税率又无法对资源价格产生影响，进而使资源使用者忽视资源的节约使用。

① 《财政部、国家税务总局关于调整原油、天然气资源税有关政策的通知》（财税〔2014〕73号），《财政部、国家税务总局关于实施煤炭资源税改革的通知》（财税〔2014〕72号），相关省市公布的煤炭资源税改革办法。

3.4.4 资源税的计征方式有待改进

税收对经济行为的调节作用是通过价格机制产生的，从量定额的计征方式虽然一定程度上便于征收管理，但是却隔断了税收与商品价格的密切关系，使税收丧失了“自动调节”的功能。一方面，应税资源产品价格变动难以受到资源税的影响，税收调节功能受到限制；另一方面，政府资源税收入不能随应税资源产品的价格上涨而提高，导致资源价格上涨的收益大部分流入相关企业手中，国家无法利用这部分资源收益进一步保护资源。

2011 年 11 月份起石油和天然气资源税实行从价定率的方式征收，我国资源税由此开始实行从量定额和从价定率相结合的计征方式。2014 年 12 月起煤炭实行从价计征，2016 年 7 月 1 日起全面推进资源税改革，对《资源税税目税率幅度表》中列举名称的 21 种资源品目和未列举名称的其他金属矿实行从价计征。经这三次的改革，从价计征成为资源税主要的计征方式，这无疑是具有积极意义的。但是，当前仍有少数资源产品按照从量定额的方式计征资源税，这些资源产品中有一些属于消耗过度、亟待保护的资源，如水资源、黏土和砂石原矿等，资源税对这些资源的调节功能仍然难以充分发挥。

3.5 本章小结

本章简要介绍了我国资源税费制度的历史变迁和现状，分析了自然资源开发利用存在的问题，考察了现行资源税制度存在的问题。随着经济体制改革的不断深入，我国资源税费制度经历了多次重大改革，实现了从无偿开采到有偿取得的转变，在不同的历史时期具有不同的特点，包括无偿开采阶段（1949—1982 年），有偿开采的萌芽阶段（1982—1984 年），资源税费并存制度的建立（1984—1994 年），资源税费并存制度的演进（1994—2010 年），资源税费制度的全面改革（2010 年至今）。当前我国资源开采领域存在多种税费，全国范围的税费有资源税、矿业权出让收益、矿业权占用费和石油特别收益金等。

我国自然资源开发利用中存在一些突出问题，主要表现在资源的过度消耗和利用效率偏低等方面，不可再生资源消耗严重，可再生资源面临衰退的威胁。导致如上问题的原因是多方面的，其中一个重要因素就是，作为政府在资源领域的调控工具，资源税在促进资源节约方面没有起到应有的作用。虽然经过多次改革，资源税的调节功能得到了加强，但与当前生态文明建设的要求相比，资源税仍然需要进一步完善，存在功能定位不够明确、征税范围有待扩大、税率设计需要优化、计征方式有待改进等问题。

第 4 章　我国资源税收入与负担分析

本章分析我国资源税收入与负担情况，通过构建相应的指标，实证考察我国资源税收入与负担的具体情况，分析油气资源税和煤炭资源税从价计征改革对资源税收入和税负水平的影响。

4.1　我国资源税收入与负担整体情况

4.1.1　资源税收入规模分析

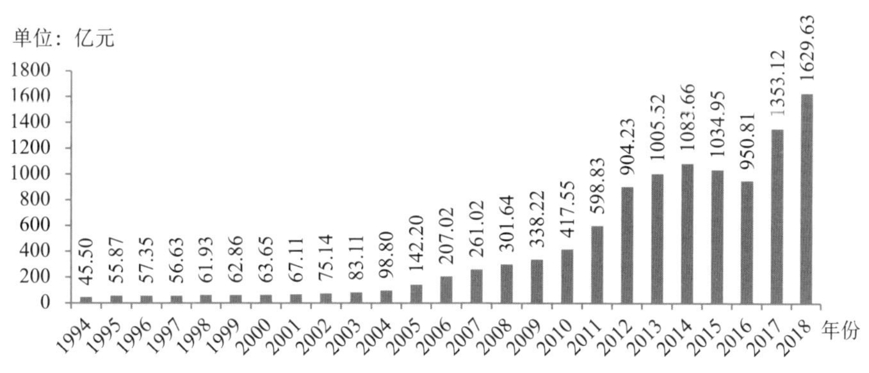

图 4－1　1994—2018 年资源税收入绝对规模情况

资料来源：根据《中国税务年鉴》相关各年版本数据整理得出。

1994 年至 2018 年间，资源税收入绝对规模整体呈不断增长趋势，少数年份存在减少的特征。如图 4－1 所示，2018 年资源税收入为 1629.63 亿元，是 1994 年 45.50 亿元的 35.8 倍；2004 年以前，资源税收入绝对规模较小，在 100 亿元以下，2005 年起开始迅速增长，该年突破 140 亿元，2013 年突破 1000 亿元；虽然 2014 年至 2016 年资源税收入绝对规模有所减少，但在2017年起开始回升，2018年达最高值。资源税收入绝对规模的不断增长趋势是我国采矿业发展迅速和资源税制改革的共同结果。

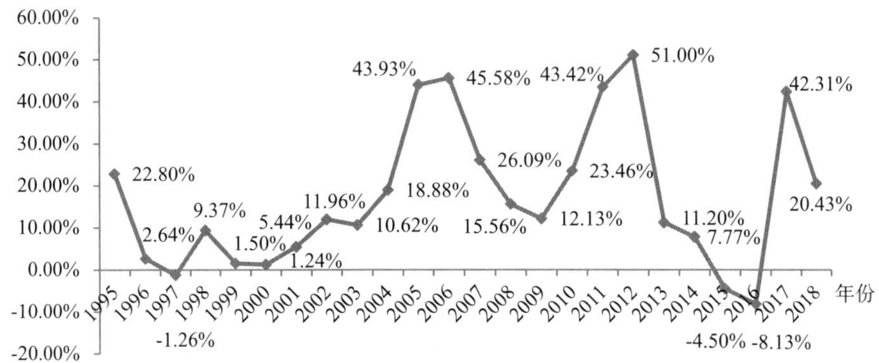

图4－2　1995—2018年资源税收入增长速度

资料来源：根据《中国税务年鉴》相关各年版本数据整理得出。

资源税收入的增长速度更加细致地反映了资源税收入绝对规模的变化情况。如图4－2所示，1995年至2018年间，资源税收入与上年相比的增长速度波动较大，除1997年、2015年和2016年以外，大都为正值，说明资源税收入绝对规模在大多数年份是逐年增长的；资源税收入有两个明显的上升阶段和下降阶段，2000年至2006年间，增速由1.24%增加至45.58%，2006年至2009年间，增速由45.58%降低至12.13%，2009年至2012年间，增速由12.13%增加至51.00%的历史最高值，2012年至2016年，增速由51.00%降低至－8.13%的历史最低值。

本书以资源税收入分别在税收收入、财政收入和国内生产总值中所占的比重来考察资源税收入的相对规模。1994年至2018年间，资源税收入在税收收入、财政收入和国内生产总值中所占的比重较低，资源税相对规模变动趋势的阶段性特征明显。如表4－1所示，除2018年以外资源税收入在税收收入中所占的比重一直在1%以下，其中2004年最低，为0.41%，虽然2018年超过了1%，但也仅为1.04%；资源税收入在财政收入中所占的比重同样比较低，其数值一直在1%以下，最低为2004年的0.37%，最高为1995年的0.90%；资源税收入在国内生产总值中所占的比重则比前两者更低，2007 年之前其数值不足 0.1%，2007 年起达到 0.1%，2008 又回落至 0.9%，其后维持在 0.1% 及以上，但最高也仅为 2018 年的 0.18%。资源税相对规模变动趋势来看，呈现出阶段性特征。从资源税收入在税收收入和财政收入中所占比重来看，1994 年至 2004 年期间，呈现逐步降低的趋势，2005 年至 2014 年间，呈现波动中整体提高的趋势，2015 年至 2016 年呈现逐步降低的趋势，2018 年至 2019 年则呈现大幅上升趋势。资源税收入在国内生产总值中所占比重整体趋势和其在税收收入与财政收入中所占比重变动趋势基本一致，只是变动幅度有所降低。

表 4-1　　1994—2018 年资源税收入相对规模情况

年份	资源税收入/税收收入（%）	资源税收入/财政收入（%）	资源税收入/国内生产总值（%）
1994	0.89	0.87	0.09
1995	0.93	0.90	0.09
1996	0.83	0.77	0.08
1997	0.69	0.65	0.07
1998	0.67	0.63	0.07
1999	0.59	0.55	0.07
2000	0.51	0.48	0.06
2001	0.44	0.41	0.06
2002	0.43	0.40	0.06
2003	0.42	0.38	0.06
2004	0.41	0.37	0.06
2005	0.49	0.45	0.08
2006	0.59	0.53	0.09
2007	0.57	0.51	0.10
2008	0.56	0.49	0.09
2009	0.57	0.49	0.10
2010	0.57	0.50	0.10
2011	0.67	0.58	0.12
2012	0.90	0.77	0.17

续表

年份	资源税收入/税收收入（%）	资源税收入/财政收入（%）	资源税收入/国内生产总值（%）
2013	0.91	0.78	0.17
2014	0.91	0.77	0.17
2015	0.83	0.68	0.15
2016	0.73	0.60	0.13
2017	0.94	0.78	0.16
2018	1.04	0.89	0.18

资料来源：根据《中国税务年鉴》和《中国统计年鉴》相关各年版本数据整理得出。

4.1.2 资源税收入结构分析

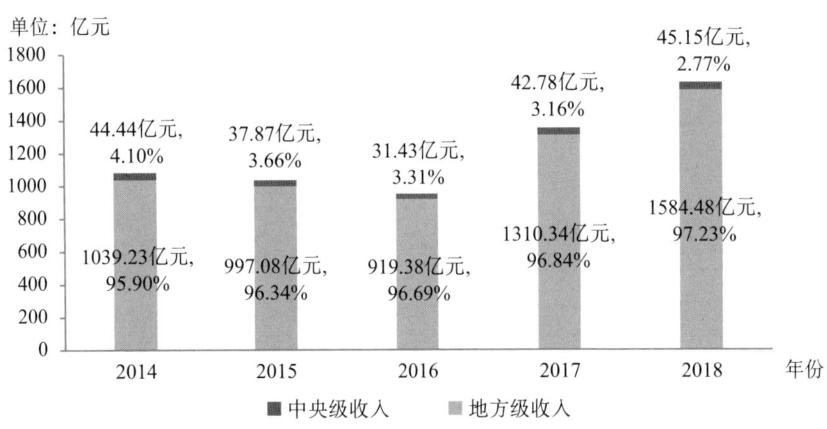

图 4－3 2018 年资源税收入级次结构

资料来源：根据《中国税务年鉴》相关各年版本数据整理得出。

从资源税收入级次结构来看，资源税收入绝大多数属于地方级收入。如图 4－3 所示，2014 年至 2018 年间，地方级资源税收入占全国资源税收入的比重均在 95% 以上，且呈现逐渐递增趋势，2018 年地方级资源税收入 1584.48 亿元，占比 97.23%，中央级资源税收入 45.15 亿元，占比 2.77%。

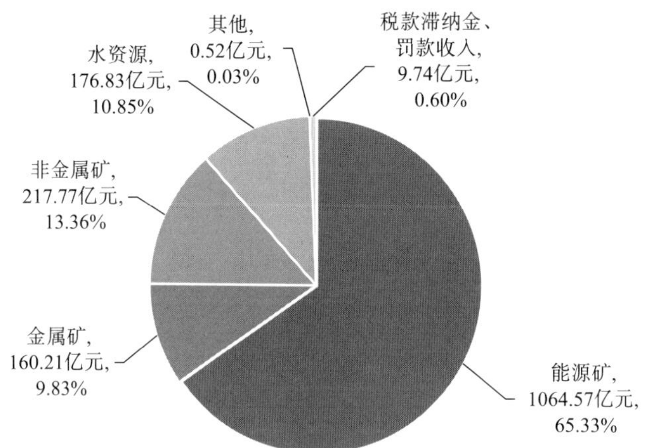

图 4-4　2018 年资源税收入项目结构

资料来源：根据《中国税务年鉴 2019》相关数据整理得出。

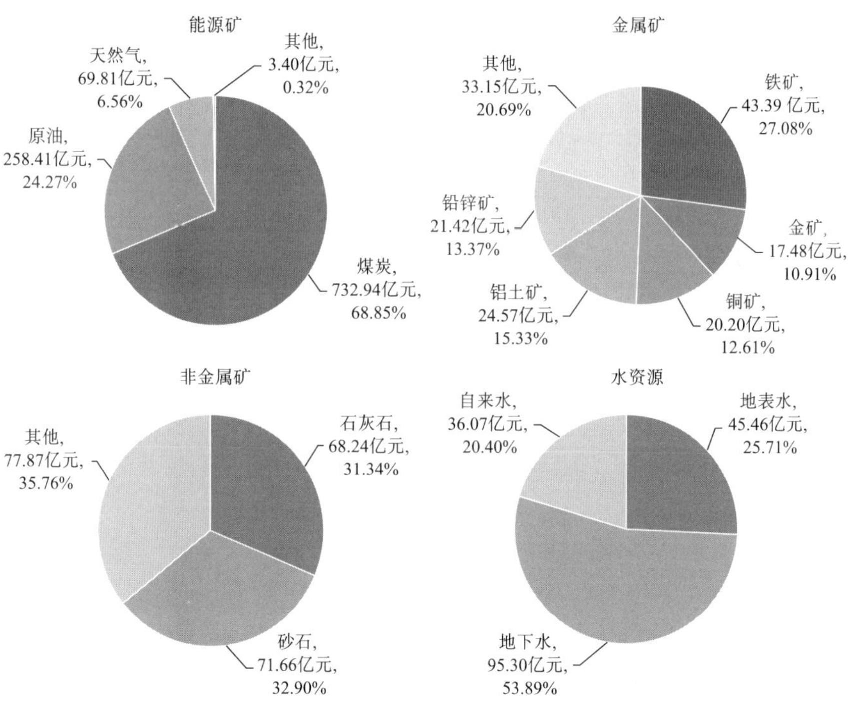

图 4-5　2018 年资源税收入分项目内部结构

资料来源：根据《中国税务年鉴 2019》相关数据整理得出。

从资源税收入项目结构来看，资源税收入与相应的资源产量有直接联系，能源矿收入占绝大多数。如图 4－4 所示，2018 年能源矿收入为 1064.57 亿元，占比最高，为 65.33%，非金属矿收入 217.77 亿元，占比次之，为 13.36%，水资源收入和金属矿收入分别为 176.83 亿元和 160.21 亿元，两者占比在 10% 左右。从资源税收入分项目内部结构来看，如图 4－5 所示，2018 年能源矿收入中，煤炭收入最大，为 732.94 亿元，占比 68.85%，其次是原油收入，为 258.41 亿元，占比 24.27%，天然气仅为 69.81 亿元，占比 6.56%；金属矿收入中，铁矿收入最大，为 43.39 亿元，占比 27.08%，其次是铝土矿、铅锌矿、铜矿和金矿收入，他们各自的占比较为接近，在 10% 至 16% 之间；非金属矿收入中，砂石、石灰石和其他非金属矿收入占比相当，各占 1/3 左右份额；水资源收入中，地下水收入最大，为 95.30 亿元，占比 53.89%，其次是地表水和自来水收入，占比分别为 25.71% 和 20.40%。

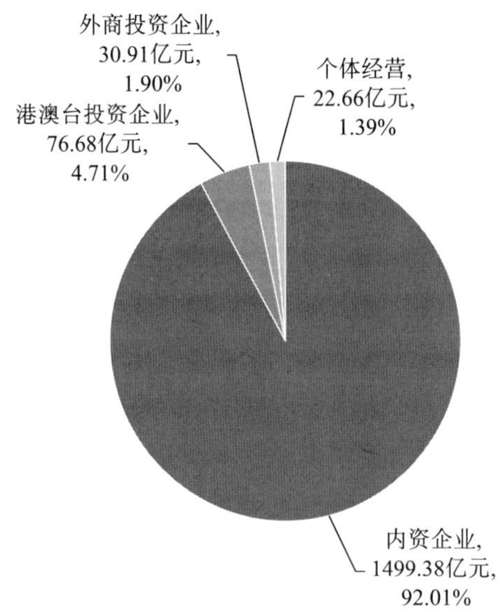

图 4－6　2018 年资源税收入企业类型结构

资料来源：根据《中国税务年鉴 2019》相关数据整理得出。

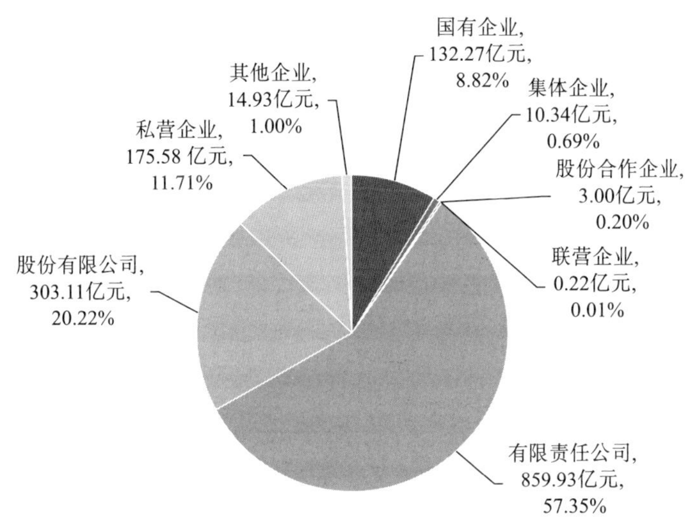

图 4－7 2018 年资源税收入内资企业类型结构

资料来源：根据《中国税务年鉴 2019》相关数据整理得出。

从资源税收入企业类型结构来看，内资企业收入占绝对多数。如图 4－6 所示，2018 年资源税收入中，内资企业收入 1499.38 亿元，占比 92.01%，港澳台投资企业收入 76.68 亿元，占比 4.71%，外商投资企业和个体经营收入占比均在 2% 以下。从资源税收入内资企业类型结构来看，有限责任公司收入占到了半数以上。如图 4－7 所示，2018 年内资企业资源税收入中，有限责任公司收入 859.93 亿元，占比 57.35%，股份有限公司收入 303.11 亿元，占比 20.22%，私营企业和国有企业收入占比在 10% 左右，集体企业和股份合作企业等其他企业收入各自占比不超过 1%。

从资源税收入地区结构来看，矿产资源较为丰富的省份资源税收入位居前列。如图 4－8 所示，2018 年资源税收入排名前六的省区分别是山西、内蒙古、陕西、山东、新疆、黑龙江，这六个省区的资源税收入占全国资源税收入的 62.54%。根据 2018 年各省份资源税收入情况，可分为五个层级，第一层级包括山西、内蒙古、陕西，各自的资源税收入在 181.31 亿元和 325.16 亿元之间，在全国资源税收入中的占比在 11.13% 至 19.95% 之间；第二层级包括山东、新疆、黑龙江，各自的资

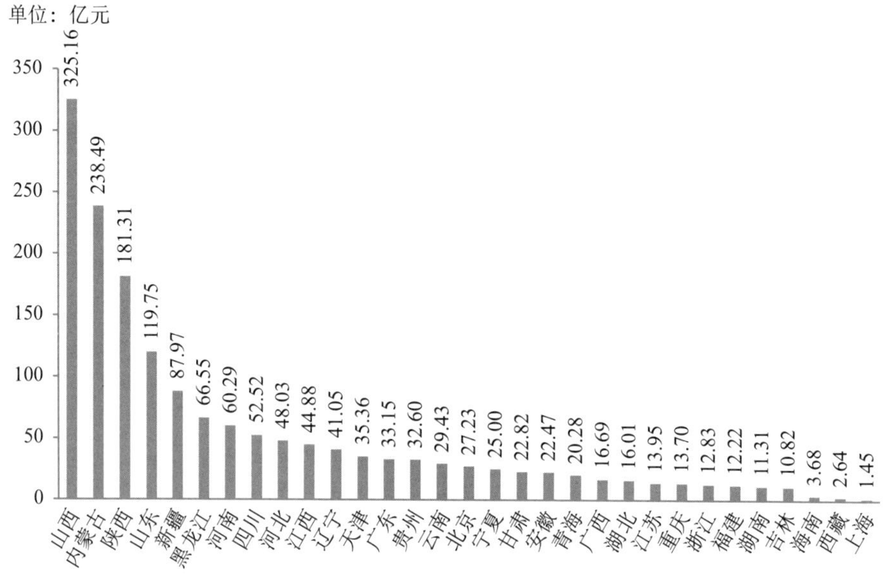

图 4－8　2018 年资源税收入地区结构

资料来源：根据《中国税务年鉴 2019》相关数据整理得出。

源税收入在 66.55 亿元和 119.75 亿元之间，在全国资源税收入中的占比在 4.08% 至 7.35% 之间；第三层级包括河南、四川、河北、江西、辽宁、天津、广东、贵州，各自的资源税收入在 32.60 亿元和 60.29 亿元之间，在全国资源税收入中的占比在 2.00% 至 3.70% 之间；第四层级包括云南、北京、宁夏、甘肃、安徽、青海、广西，各自的资源税收入在 16.69 亿元和 29.43 亿元之间，在全国资源税收入中的占比在 1.02% 至 1.81% 之间；第五层级包括湖北、江苏、重庆、浙江、福建、湖南、吉林、海南、西藏、上海，各自的资源税收入在 1.45 亿元和 16.01 亿元之间，在全国资源税收入中的占比在 0.09% 至 0.98% 之间。

4.1.3　资源税税负水平分析

为了分析资源税的宏观税负水平的变动情况，本书用资源税收入除以采矿业增加值，得到资源税负担水平指标。[①] 如图 4－9 所示，资源税

① 为保持数据的可比性，此处的资源税收入不含水资源税收入。

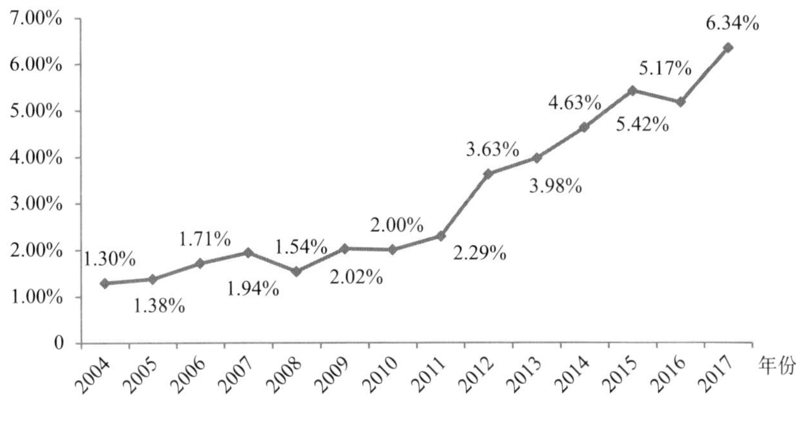

图 4-9　2004—2017 年资源税税负水平情况

资料来源：根据《中国税务年鉴》和《中国统计年鉴》相关各年版本数据整理得出。

负担自 2004 年以来，呈现逐步提高的趋势，增长速度呈现阶段性特征。2004 年至 2011 年，资源税负担缓步增长，由 2004 年的 1.30% 增至 2011 年的 2.29%，除 2008 年和 2010 年有所降低之外，资源税负担各年均高于上年水平。随着我国油气资源税和煤炭资源税从价计征改革，以及全面推进资源税改革的实行，2012 年起资源税负担快速增长，由 2012 年的 3.63% 增长至 2017 年的 6.34%，除 2016 年外，资源税负担各年均高于上年水平。虽然 2016 年 7 月 1 日起全面推进资源税改革，从价计征成为资源税的主要征收方式，由于税收优惠措施的同步跟进和政策效应的滞后性等原因，2016 年当年的资源税负担没有提高，但是这次改革理顺了资源的税价关系，在第二年资源税负担比上年提高了 1.17 个百分点。

4.2　油气资源税改革的影响分析

我国油气资源税改革是逐步实施的。2010 年 6 月，财政部、国家税务总局发布了《关于新疆原油天然气资源税改革若干问题的规定的通知》（财税〔2010〕54 号），决定 2010 年 6 月 1 日率先在新疆进行资源税改革试点，将原油、天然气的资源税按销售收入实行从价计征，税率为 5%。2010 年 11 月，财政部、国家税务总局发布了《关于西部地区原油天然气资源税改革若干问题的规定的通知》（财税〔2010〕112 号），决定2010年12月1日起将原油、天然气资源税从价计征改革扩大到四川、贵州、云南等西部12省区实施。2011年9月，国务院对《中华人民共和国资源税暂行条例》进行了修改，规定2011年11月1日起原油和天然气资源税按销售收入实行从价计征，税率区间为5%—10%（实际按5%征收）。可见，2010年6月至2011年10月为油气资源税改革的试点阶段，2011年11月以后为油气资源税改革的全面实施阶段。为了分析这次改革的影响，本书选取2009至2012年作为考察期间，分别从宏观和微观视角考察资源税收入和税负水平情况。

4.2.1 基于宏观视角的分析

本书选择年度油气资源税收入指标和油气资源税负担指标来分析油气资源税改革的效应。前者为本期全国油气资源税收入金额，后者的设定方法如下：

$$\text{油气资源税负担} = \frac{\text{本期全国油气资源税金额}}{\text{本期全国油气资源销售收入金额}} \times 100\%$$

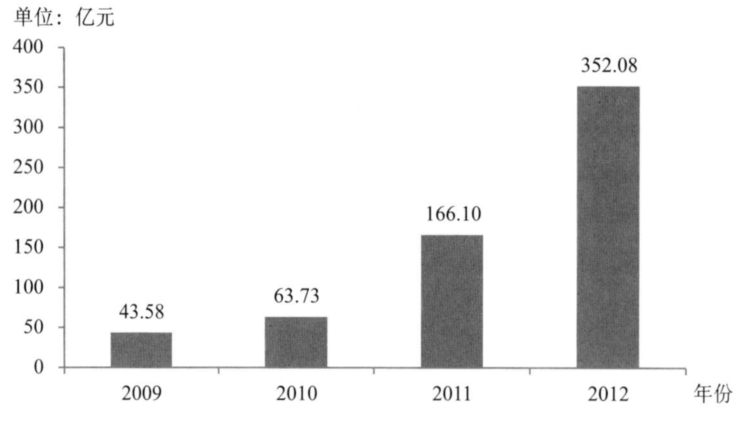

图4－10 2009—2012年全国油气资源税收入情况

资料来源：根据《中国税务年鉴》相关各年版本数据整理得出。

如图4－10所示，2009年至2012年间，全国油气资源税收入不断增长，而且增速较快，反映出油气资源税改革在增加资源税收入方面成效显著。2009年油气资源税收入为43.58亿元，2010年增长至63.73亿元，2011 年增长至 166.10 亿元，2012 年增长至 352.08 亿元，三年间增长了 7.08 倍。2010 年至 2012 年间，全国油气资源税收入与上年相比的增长速度分别为 46.24%、160.65%、111.96%，增速提升非常显著，反映出油气资源税改革显著的税收增收效应，而且增收效应的大小与改革范围有直接关系。

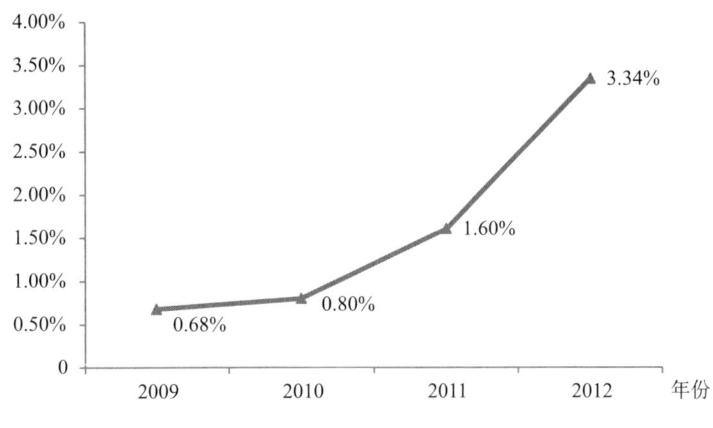

图 4-11　2009—2012 年全国油气资源税负担情况

资料来源：根据《中国税务年鉴》《中国国土资源统计年鉴》相关各年版本数据整理得出。

如图 4-11 所示，2009 年至 2012 年间，全国油气资源税负担增长迅速，呈现逐年递增的趋势，这与油气资源税改革不断推进的进程相符。2009 年全国油气资源税负担为 0.68%，反映出从量计征模式下油气资源税负担较低的现实。随着油气资源税试点范围的扩大，2010 年全国油气资源税负担小幅增长至 0.80%，2011 年迅速增长至 1.60%。2011 年 11 月油气资源税改革的全面实施以后，2012 年全国油气资源税负担大幅提升，增长至 3.34%，与 2009 年相比增长了 2.66 个百分点。

4.2.2　基于微观视角的分析

本书以我国证监会认定的石油和天然气开采业 A 股上市公司为研究对象，剔除了 ST 上市公司、部分数据残缺、主营业务不含销售油气资源应税产品和 2009 年至 2012 年间数据不连续的上市公司，最终选择中国石油（601857）和中国石化（600028）为样本，数据来源于国泰安 CM-

SAR 数据库。

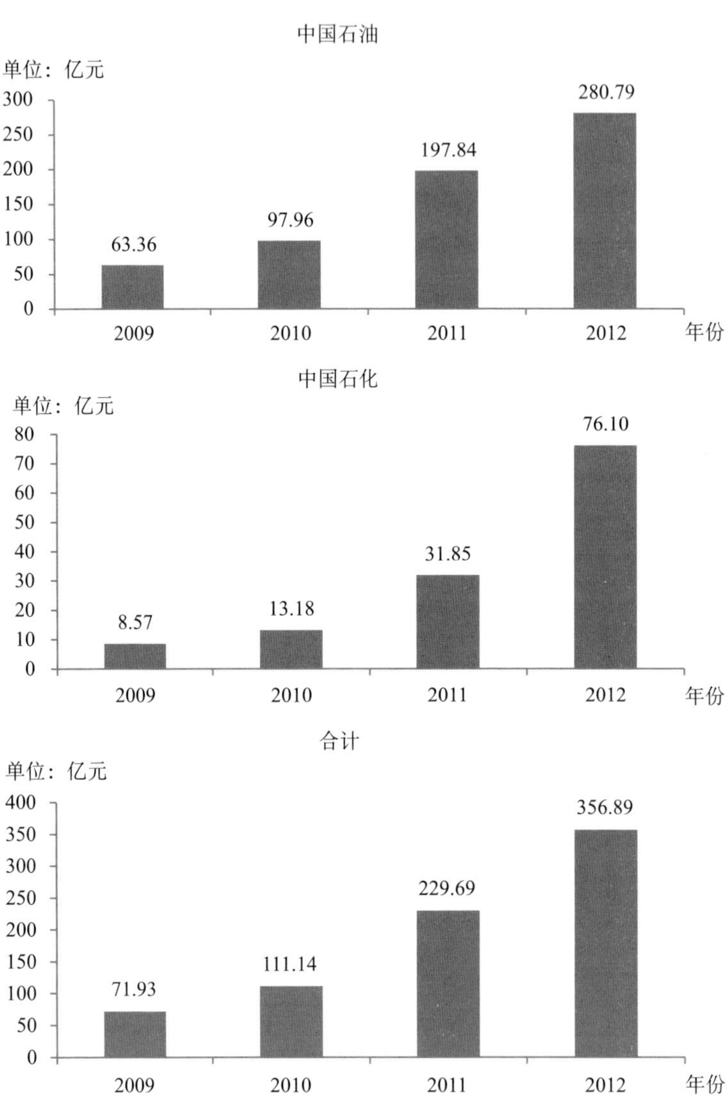

图 4－12　2009—2012 年相关上市公司缴纳资源税情况

资料来源：国泰安 CMSAR 数据库。

如图 4－12 所示，2009 年至 2012 年间，相关上市公司缴纳资源税金额是逐年递增，而且增长迅速。[①] 从两家上市公司合计来看，2009 年缴纳资源税 71.93 亿元，2010 年增长至 111.14 亿元，2011 年增长至 229.69 亿元，2012 年增长至 356.89 亿元，三年间增长了 3.96 倍。2010 年至 2012 年间，两家上市公司缴纳资源税合计与上年相比的增长速度分别为 54.51%、106.67%、55.38%，反映出油气资源税改革逐步推开的政策效果。由于经营规模、经营范围、经营地点等方面的差异，两家上市公司资源税增长速度上存在一定差别，2009 年至 2012 年间，中国石油交纳资源税增长了 3.43 倍，中国石化交纳资源税增长了 7.87 倍。

为了分析油气资源税改革对相关上市公司税收负担的影响，本书按如下方法设定资源税负担指标：

$$资源税负担 = \frac{本期交纳资源税金额}{本期主营业务收入} \times 100\%$$

同时，设定其他营业税金负担指标，其他营业税金是指营业税金及附加中除资源税以外的税费，其他营业税金负担指标设定如下：

$$其他营业税金负担 = \frac{本期其他营业税金金额}{本期主营业务收入} \times 100\%$$

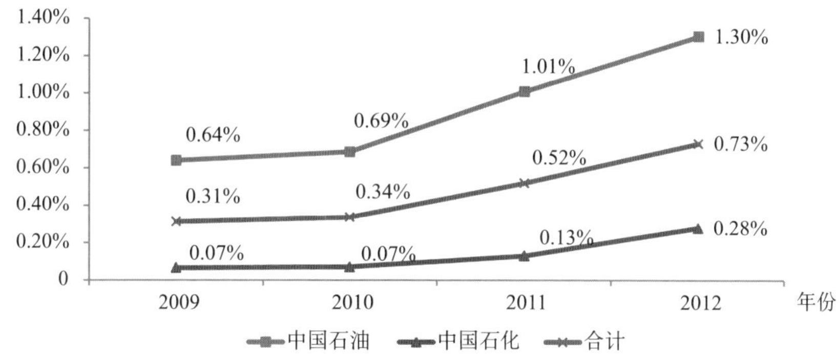

图 4-13　2009—2012 年相关上市公司资源税负担情况

资料来源：根据国泰安 CMSAR 数据库相关数据整理得出。

① 限于数据的可得性，此处石油和天然气开采业上市公司缴纳的资源税包括一定数量的非油气资源税。

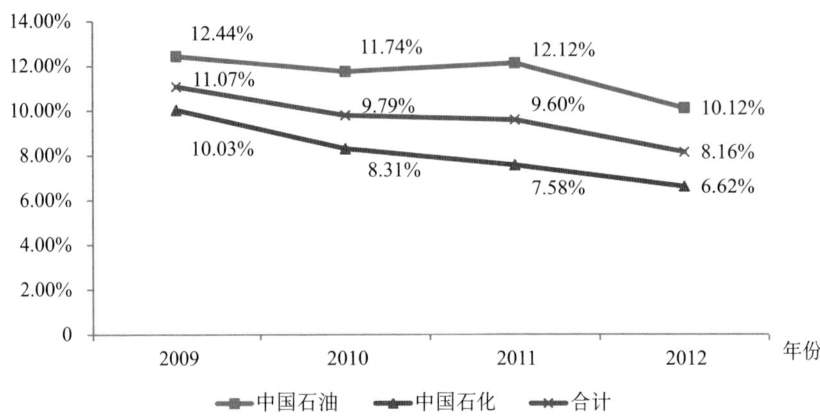

图 4-14　2009—2012 年相关上市公司其他营业税金负担情况

资料来源：根据国泰安 CMSAR 数据库相关数据整理得出。

如图 4-13 所示，2009 年至 2012 年间，相关上市公司资源税负担增长明显，特别是 2011 年和 2012 年，这与油气资源税改革进程一致。两家上市公司合计来看，2009 年资源税负担为 0.31%，2010 年小幅增长至 0.34%，2011 年起增速加快，该年增长至 0.52%，2012 年增长至 0.73%，与 2009 年相比增长了 0.42 个百分点。两家上市公司各自的资源税负担变动趋势和幅度比较类似，即 2010 年增长幅度较小，2011 年和 2012 年增长幅度较大。图 4-14 显示了相关上市公司其他营业税金负担情况，2009 年至 2012 年间其他营业税金负担呈现整体下降趋势，两家上市公司合计数值由 2009 年的 11.07% 降至 2012 年的 8.16%，这和同期资源税负担的变动趋势相反，这在一定程度上印证了相关上市公司资源税负担变动的原因主要是来自油气资源税改革的政策效应。

4.3　煤炭资源税改革的影响分析

2014 年 11 月，财政部、国家税务总局发布了《关于实施煤炭资源税改革通知》（财税〔2014〕72 号），决定煤炭资源税于 2014 年 12 月 1 日起实行从价计征改革，煤炭资源税税率幅度为 2%—10%，具体适用税率由省级财税部门在上述幅度内，根据本地区清理收费基金、企业承受能力、煤炭资源条件等因素提出建议，报省级人民政府拟定。为了分析本次改革的影响，本书选取 2013 年至 2015 年作为考察期间，分别从宏观和微观视角考察资源税收入和税负水平情况。

4.3.1 基于宏观视角的分析

本书选择年度煤炭资源税收入指标和煤炭资源税负担指标来分析煤炭资源税改革的效应。前者为本期全国煤炭资源税收入金额，后者的设定方法如下：

$$\text{煤炭资源税负担} = \frac{\text{本期全国煤炭资源税金额}}{\text{本期全国煤炭资源销售收入金额}} \times 100\%$$

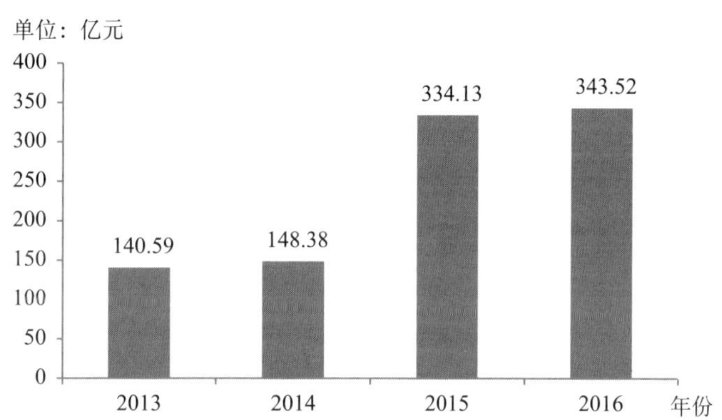

图 4－15 2013—2016 年全国煤炭资源税收入情况

资料来源：根据《中国税务年鉴》相关各年版本数据整理得出。

如图 4－15 所示，2015 年全国煤炭资源税收入增长非常明显，反映出煤炭资源税改革较大政策效应。2013 年煤炭资源税收入为 140.59 亿元，2014 年增长至 148.38 亿元，2015 年大幅增长至 334.13 亿元，2016 年增长至 343.52 亿元。2013 年至 2016 年间，全国煤炭资源税收入与上年相比的增长速度分别为 5.54%、125.19%、2.81%，与其他年份相比 2015 年的增速提升非常显著，反映出煤炭资源税改革的税收增收效应较大。

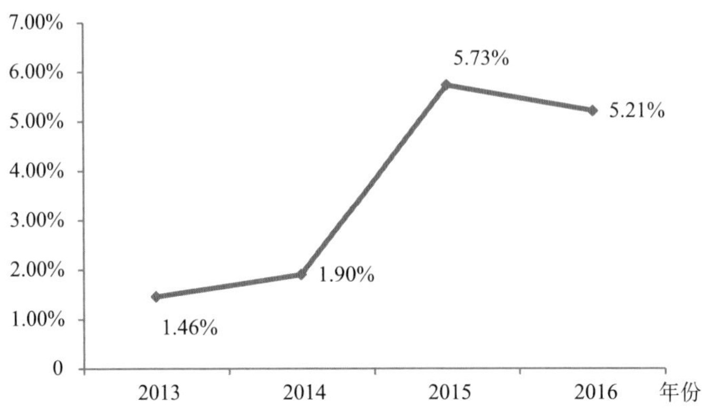

图 4-16　2013—2016 年全国煤炭资源税负担情况

资料来源：根据《中国税务年鉴》《中国国土资源统计年鉴》相关各年版本数据整理得出。

如图 4-16 所示，2013 年至 2016 年间，2015 年全国煤炭资源税负担快速增长，呈现阶梯增长的趋势，这与煤炭资源税改革的时间相符。2013 年全国煤炭资源税负担为 1.46%，表明从量计征模式下煤炭资源税负担较低。随着 2014 年 12 月煤炭资源税改革的实施，全国煤炭资源税负担 2014 年小幅增长至 1.90%，2015 年大幅增长至 5.73%，与 2014 年相比增长了 3.83 个百分点，2016 年维持在 5.2% 以上水平。

4.3.2　基于微观视角的分析

本书以我国证监会认定的煤炭开采和洗选业 A 股上市公司为研究对象，剔除了 ST 上市公司、部分数据残缺、2013 年至 2016 年间数据不连续的上市公司，最终选择 6 家上市公司为样本，数据来源于国泰安 CMSAR 数据库。

如图 4-17 所示，2013 年至 2016 年间，相关上市公司缴纳资源税合计金额是逐年递增，特别是在 2015 年资源税合计金额增长非常显著。具体来看，相关上市公司缴纳资源税合计金额 2013 年为 50314.81 万元，2014 年增长至 59820.58 万元，2015 年大幅增长至 162293.52 万元，2016 年增长至 210551.18 万元。2014 年至 2016 年间，相关上市公司缴纳资源税合计与上年相比的增长速度分别为 18.89%、171.30%、29.73%，反映出 2014 年 12 月煤炭资源税改革的政策效果十分明显。

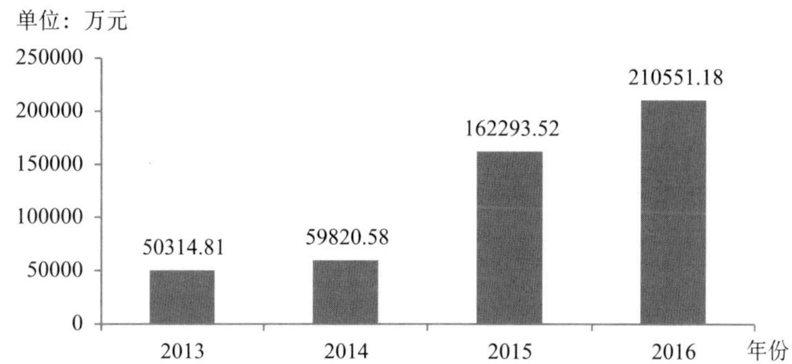

图 4-17　2013—2016 年相关上市公司缴纳资源税合计情况

资料来源：国泰安 CMSAR 数据库。

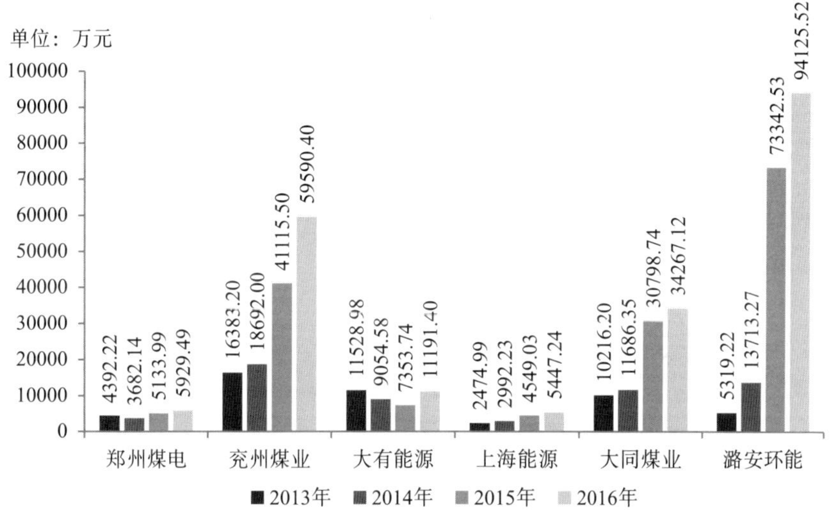

图 4-18　2013—2016 年相关上市公司缴纳资源税情况

资料来源：国泰安 CMSAR 数据库。

由于经营地点、经营规模、经营范围等方面的差异，相关上市公司资源税变动情况存在一定差别。如图 4-18 所示，2013 年至 2016 年间，有四家上市公司呈现逐年增长的趋势，两家上市公司呈现先减少后增加的趋势。以 2015 年与上年相比的增长速度来看，有三家超过 110%，两家介于 35% 至 55% 之间，只有一家是负增长。总体来看，煤炭资源税改革确实提高了相关企业交纳资源税的金额，而各自增长速度差别产生的原因，除了上市公司自身经营状况的原因之外，主要是资源税法定税率在地区间的差异。

为了分析煤炭资源税改革对相关上市公司税收负担的影响，本书按如下方法设定资源税负担指标：

$$资源税负担 = \frac{本期交纳资源税金额}{本期煤炭采选业务收入} \times 100\%$$

表 4－2　　　2013—2016 年相关上市公司资源税负担情况

年　份	2013	2014	2015	2016
郑州煤电	0.95%	0.99%	2.05%	1.87%
兖州煤业	0.30%	0.32%	1.25%	2.03%
大有能源	1.35%	1.57%	2.25%	2.80%
上海能源	0.38%	0.66%	1.40%	1.39%
大同煤业	0.97%	1.38%	4.48%	4.85%
潞安环能	0.31%	0.95%	7.46%	7.61%
合　计	0.49%	0.63%	2.77%	3.52%

资料来源：根据国泰安 CMSAR 数据库相关数据整理得出。

如表 4－2 所示，相关上市公司资源税负担在 2015 年呈现较大幅度的阶梯式增长，这与煤炭资源税改革进程一致。相关上市公司合计来看，2013 年资源税负担为 0.49%，2014 年小幅增长至 0.63%，2015 年大幅增长至 2.77%，与上年相比增长了 2.14 个百分点，2012 年增长至 3.52%。上市公司各自情况来看，六家上市公司资源税负担变动存在类似的趋势，即 2014 年小幅增长，2015 年大幅增长，2013 年和 2014 年税负水平较低，2015 年和 2016 年税负水平较高，同样与煤炭资源税改革的进程一致。同时，不同上市公司在煤炭资源税改革后的税负水平差别较大，如 2015 年资源税负担潞安环能为 7.46%，而兖州煤业仅为 1.25%，两者相差 6.21 个百分点。这其中的原因主要是各省份的煤炭资源税法定税率存在较大差别，煤炭资源税改革后山西省的法定税率为 8%，山东省的法定税率为 4%，差别较大。

4.4　本章小结

本章分析我国资源税收入与负担情况，通过构建相应的指标，实证考察我国资源税收入与负担的具体情况，分析油气资源税和煤炭资源税从价计征改革对资源税收入和税负水平的影响。

资源税收入规模分析发现，1994 年至 2018 年间，资源税收入绝对规模整体呈不断增长趋势，少数年份存在减少的特征，资源税收入与上年相比的增长速度波动较大，资源税收入在税收收入、财政收入和国内生产总值中所占的比重较低，资源税相对规模变动趋势的阶段性特征明显。资源税收入结构分析发现，级次结构方面，资源税收入绝大多数属于地方级收入；项目结构方面，资源税收入与相应的资源产量有直接联系，能源矿收入占绝大多数；企业类型结构方面，内资企业收入占绝对多数；地区结构方面，矿产资源较为丰富的省份资源税收入位居前列。资源税税负水平分析发现，资源税税负自 2004 年以来，呈现逐步提高的趋势，增长速度呈现阶段性特征。

油气资源税改革影响分析发现，宏观视角来看，2009 年至 2012 年间，全国油气资源税收入不断增长，而且增速较快，同时全国油气资源税负担增长迅速，呈现逐年递增的趋势，反映出油气资源税改革在增加资源税收入方面成效显著；微观视角来看，2009 年至 2012 年间，相关上市公司缴纳资源税金额是逐年递增，而且增长迅速，同时相关上市公司资源税负担增长明显，特别是 2011 年和 2012 年，反映出油气资源税改革逐步推开的政策效果。

煤炭资源税改革影响分析发现，宏观视角来看，2015 年全国煤炭资源税收入增长非常明显，同时全国煤炭资源税负担快速增长，反映出煤炭资源税改革较大政策效应；微观视角来看，2015 年相关上市公司缴纳资源税金额整体呈现显著增长，资源税负担在 2015 年呈现较大幅度的阶梯式增长，这与煤炭资源税改革进程一致，同时不同上市公司在煤炭资源税改革后的税负水平差别较大，主要是因为各省份的煤炭资源税法定税率存在较大差别。

第5章 资源税制的国外经验借鉴

经过长期的发展与调整，发达市场经济国家形成了较为完善的资源税制，分析比较这些国家的资源税制的具体设计，特别是一些资源大国资源税制的特点，总结它们的共性与经验，对于我国资源税改革无疑具有借鉴意义。本章介绍国外资源领域的主要税费工具，说明俄罗斯、美国、澳大利亚和加拿大等主要资源大国的资源税制情况，归纳国外资源税制可供我国借鉴的经验。

5.1 国外资源领域的主要税费工具

目前，除一般性的税收和非税收入外，各国政府基本上都对某些特定资源单独课征相关的税费。政府征收资源税费的目的可以概括为如下两点，一是促进经济和社会的发展，确保资源开采对整个社会来说是最优的，并将所获得的收入用于促进可持续发展方面；二是作为资源的所有者，政府可以通过相关的税费从资源开发中获得收益。各国课征的资源税费种类不尽相同，较为普遍的税费主要包括权利金、红利、地面租金、资源租金税等。[①] 其中权利金、红利、地面租金是政府凭借资源或土地的产权征收，资源租金税是政府凭借政治权利征收。

5.1.1 权利金（Royalty）

权利金是指矿产资源所有者凭借其所有权而获得的一种收益，是矿产开采者向矿产资源所有者支付的补偿。国家作为矿产资源的所有者出让其所有的矿产资源，矿产资源开采者支付权利金作为补偿，可见权利

① 施文泼、贾康：《中国矿产资源税费制度的整体配套改革：国际比较视野》，《改革》，2011年第1期。

金是一种财产收益。“权利金”是大部分国家对这种收益的命名，也有一些国家把它作为一种税，如加拿大称为采矿税，俄罗斯称为矿产资源开采税。权利金是各国从矿产资源开采活动中取得收入的主要工具，据有关统计，在世界 23 个矿业国家（地区）中，有 14 个国家向矿产者征收权利金。[①] 不同国家权利金的计征方式不尽相同，表 5 – 1 列出了国际上主要的权利金的种类及计征方法。权利金有多种类型，主要包括从量权利金、从价权利金和利润或所得权利金。从量权利金按照矿产的体积或重量征收，费率包括固定费率和累进费率；从价权利金按矿产的价值征收，而矿产资源价值的确定方法有多种，包括按总销售额、总市场价值（按政府核定、国际市场或评估机构等确定的价格计算）、净市场价值（不含运费、保险费、搬运费等非生产成本）、净冶炼所得（不含冶炼精练等成本）等确定，费率包括固定费率、按利润变动费率和累进费率等类型；利润或所得权利金按净价值（市场价值扣减允许扣除的资本和生产费用）、净利润（实现的销售价值扣减允许扣除的资本和生产费用）或净所得（实现的所得扣减允许扣除的资本和生产费用）计算征收。

表 5 – 1　　国际上主要的权利金类型及计征方法

从量权利金	计费依据	体积	
		重量	
	费率	固定费率	
		按计征单位累进费率	
从价权利金	计费依据	总销售额（发票或账单价值）	
		总市场价值	政府核定的产品价格
			按国际市场价格确定的矿产坑口价或销售价确定
			按政府定期公布的市场价格确定
			按评估机构确定的价格确定
			按精炼厂单据和每日国际参考报价确定

① 美国科罗拉多矿业学院等：《全球矿业税收比较研究》，北京：地质出版社，2006 年版。

续表

从价权利金	计费依据	净市场价值（不含非生产成本，如运费和保险费、搬运费）
		净冶炼所得（不含冶炼精炼等成本）
		按协商范围内的最优价格确定
	费率	固定费率
		按利润变动
		按累积年产量累进
		按累积年销售额累进
利润或所得权利金	计费依据	净价值（市场价值扣减允许扣除的资本和生产费用）
		净利润（实现的销售价值扣减允许扣除的资本和生产费用）
		净所得（实现的所得扣减允许扣除的资本和生产费用）

资料来源：Otto, J. , C. Andrews , F. Cawood , et al. , 2006, Mining Royalties: A Global Study of Their Impact on Investors, Government, and Civil Society, Washington DC: The Word Bank.

5.1.2 红利（Bonus）

红利是指在授让矿业权时，国家向矿业权受让者收取的价款，矿业权是矿产资源所有权的派生物，其又可细分为探矿权和采矿权。红利体现了矿产资源所有者转让部分产权的收益，即矿业权收益。红利的金额的确定有两种方式：一是按照政府事先确定的标准确定，可以在授予矿业权时一次性缴纳，或在资源勘察、开发和利用不同阶段缴纳；二是通过拍卖矿业权的方式确定其最终金额，从实际中来看，这是一种十分有效的分配矿业权的方式。

5.1.3 地面租金（Land Rent）

对矿产的勘探与开采必然要使用其所依附的土地，因此矿产开采者需要向土地所有者（一般是国家）支付地面租金，也被称为土地占用费或使用费。地面租金一般按矿产开采者使用的土地面积计算，按年缴纳。对矿产资源开发活动的不同阶段和土地使用的不同年限，地面租金的单位金额采取不同的标准。一般情况下，地面租金的单位数额在开采阶段要高于勘察阶段，并随使用年限的增加而提高。地面租金的收取可以在一定程度上抑制资源开采企业对土地的过度占用。

5.1.4　资源租金税（Resource Rent Tax）

资源租金税是指对矿产资源产生的经济租金或超额利润所课征的一种税，而矿产资源的经济租金是来自它的可耗竭性（Hotelling Rent）和质量差异（Ricardian Rent）。当矿产开采者的收益超过一定盈利水平时，就要缴纳资源租金税。政府凭借政治权利通过租金税来取得部分经济租金，其目的在于调节矿业企业取得的超额利润。资源租金税的典型课征方法是从开采项目的累计收益中扣除累计成本，对一定回报率之上的净现金流课征。

以上四种税费是针对矿产资源开发行为而征收的，除此之外，一些国家对其他自然资源也征收相关税收或费用，如水资源税、林业税、渔业资源权利金等。

5.2　主要资源大国的资源税制

俄罗斯、美国、澳大利亚和加拿大的国土辽阔，都是世界上重要的自然资源大国，经过长期的发展和调整，形成了较为完善的资源开发、保护和管理制度，特别是在资源税制方面，为我国资源税的改革提供了良好的借鉴经验。

5.2.1　俄罗斯的资源税制[①]

俄罗斯的自然资源总量居世界首位，矿产、森林和水等资源的储量几乎都位居世界前列，其中石油探明储量占世界探明储量的 12%—13%，天然气占 32%，煤炭占 12%，铁矿占 27%，钾盐居世界首位，拥有世界 1/5 的木材储量。[②]

2001 年，俄罗斯联邦进行全面的税制改革，形成了新的自然资源税制体系。2002 年 1 月起，俄罗斯联邦开征矿产资源开采税，该税替代了

① 如无特别说明本部分的资料来源均为 Russian Tax Code in English，https：//www. nalog. ru。

② 刘燕平：《俄罗斯国土资源与产业管理》，北京：地质出版社，2007 年版。

原来的矿产资源开采使用费、矿物原料基地再生产提成和石油、凝析油消费税。另外，俄罗斯联邦对淡水、土地等资源也征收相应的税收。

表 5－2　　　　俄罗斯联邦矿产资源开采税从价税率表

矿　种	税率（%）
钾盐	3.8
泥炭、油页岩、磷灰石－霞石、磷灰岩和磷块岩矿石	4.0
符合指标的黑色金属矿石	4.8
天然盐和纯氯化钠、地下工业水和地热水、霞石、铝土矿	5.5
矿山非金属原料、沥青岩、含金精矿及其他半成品	6.0
含贵金属（黄金除外）精矿及其他半成品	6.5
矿泉水	7.5
符合指标的有色金属矿石（霞石和铝土矿除外）	8.0
天然金刚石及其他宝石和半宝石	8.0

资料来源：Russian Tax Code in English，https：//www.icaew.com.

矿产资源开采税采用从量计征和从价计征相结合的计征方式，税基分别为矿产的开采量或销售收入，税率包括固定税率和动态税率两种。动态税率为基础税率乘以相关的系数得出，不同的税目计算系数不同。如表 5－2 所示，大部分非能源矿产采用固定的从价税率，税率介于 3.8%—8.0% 之间。煤炭、凝析油、原油和天然气等能源矿产采用从量计征方式，基本上都是动态税率（见表 5－3 和表 5－4）。煤炭的适用税率，为表 5－3 所示的税率乘以联邦政府公布的季度煤炭价格指数。每年政府都会调整凝析油和天然气的税额，所以严格地讲凝析油和天然气的税率也不是完全的固定税率。一般情况下，天然气的基础税率就是适用税率，但是如果满足一定的条件，税率需要乘以对应的调整系数。①

① 需要满足的条件为：纳税人在整个纳税期间内不是“统一天然气供应系统”内设施的所有者，或者纳税人在整个纳税期间内不是如下组织，“统一天然气供应系统”内设施的所有者在该组织中拥有的股权大于 50%。

表 5-3　　　　俄罗斯联邦煤和凝析油开采税税率表

矿　种	税　率（卢布/吨）	矿　种	税　率（卢布/吨）
无烟煤	47	凝析油	590（2013 年度适用）
焦煤	57		647（2014 年度适用）
褐煤	11		679（2015 年度适用）
其他煤	24	—	—

资料来源：Russian Tax Code in English, https://www.nalog.ru.

表 5-4　　　　俄罗斯联邦天然气和原油开采税税率表

矿种	税率	调整系数	适用期间
天然气	582（卢布/千立方米）	0.455	2013.1.1—2013.7.31
	622（卢布/千立方米）	0.646	2013.7.1—2014.12.31
	700（卢布/千立方米）	0.673	2014.1.1—2014.12.31
	788（卢布/千立方米）	0.701	2015.1.1 以后
原油	446（卢布/吨）	Cp、Cd 和 Cr	2013.1.1 以后

资料来源：Russian Tax Code in English, https://www.nalog.ru.

原油的适用税率计算方法较为复杂，需要用基础税率同时乘以三种调整系数，这三种调整系数分别为国际油价系数（Cp）、矿产消耗程度系数（Cd）和矿产储量水平系数（Cr）。

国际油价系数（Cp）按月计算，其计算公式为：

$$Cp = (P - 15) \times \frac{R}{261}$$

其中，P 表示乌拉尔等级原油的国际平均价格（美元计价），R 表示纳税期间的平均汇率（卢布/美元）。可见，国际油价越高，国际油价系数就越高。

特定矿区的矿产消耗程度系数（Cd）的计算公式为：

$Cd = 3.8 - 3.5 \times \mathrm{Ldr}$，当 $0.8 \leqslant \mathrm{Ldr} \leqslant 1$ 时；

$Cd = 0.3$，当 $\mathrm{Ldr} > 1$ 时；

$Cd = 1$，当 $\mathrm{Ldr} < 0.8$ 时；

$$Ldr = \frac{N}{V}$$

其中，N 表示累计石油开采量（含开采损失），V 表示最初确定的可开采石油储量，Ldr 表示矿产的消耗程度。可见，矿产开采得越充分，矿产消耗程度系数就越小。

特定矿区的矿产储量水平系数（Cr）的计算公式为：

$Cr = 0.125 \times Vr + 0.375$，当 $Vr \leqslant 500$ 万吨 且 $Ldr \leqslant 0.05$ 时；

$Cr = 1$，当 $Vr > 500$ 万吨或 $Ldr > 0.05$ 时

其中，Vr 表示以百万吨计量的最初确定的可开采石油储量。可见，如果可开采储量在 500 万吨以下，并且矿产的消耗程度小于 0.05，矿产的储量越大，矿产储量水平系数就越大。

从如上计算方法看到，俄罗斯的原油开采税通过三种调整系数将税率与国际油价、矿产消耗程度和储量水平联系起来，税率随后三者的变动而变动，弥补了从量税与价格相对独立的缺点，政府可以从国际油价上涨中获得收益，同时体现了政府鼓励充分开采矿产的目的。但是，这一计算方法过于复杂，具体实施过程中对税务部门的征管能力要求较高。

除矿产资源开采税外，俄罗斯联邦还对水资源征收水资源税，课税范围比较广泛，包括水资源开采（不含地下矿物质水和地热水）、水域使用、水力发电、水上木材运输四个税目。依据课税对象的特点和区域适用不同的税率，如表 5－5 所示，淡水资源开采分经济区域和流域适用不同的税率，淡水水域使用分经济区域适用不同的税率，海水资源开采和水域使用分海域适用不同的税率。水力发电、水上木材运输分流域（河流、湖泊或海盆区域）适用不同的税率，例如涅瓦河流域二者的税率分别为 8.76 卢布/1000 千瓦和 1656 卢布/千立方米，波罗的海盆地流域二者的税率分别为 8.88 卢布/1000 千瓦和 1522.8 卢布/千立方米。

表 5－5　　俄罗斯联邦部分区域的水资源税税率表

区　域		水资源开采（卢布/千立方米）		水域使用（千卢布/平方千米）
经济区域	河流或湖泊区域	地表水	地下水	
北部	伏尔加河	300	384	32.16
	涅瓦河	264	348	
	伯朝拉河	246	300	
	北德维纳河	258	312	
	其他河流或湖泊	306	378	

续表

区　域		水资源开采（卢布/千立方米）		水域使用（千卢布/平方千米）
经济区域	河流或湖泊区域	地表水	地下水	
中部	伏尔加河	288	360	30.84
	聂伯河	276	342	
	顿河	294	384	
	西德维纳河	306	354	
	涅瓦河	252	306	
	其他河流或湖泊	264	336	
波罗的海		8.28		33.84
巴伦支海		6.36		30.72
亚速海		14.88		44.88

资料来源：Russian Tax Code in English，https：//www.nalog.ru.

5.2.2　美国的资源税制

美国的许多矿产资源在世界上占有重要地位，据有关统计，美国的煤占世界总储量的27.1%，钼占31.4%，硼占23.5%，锌占13.6%，天然碳酸钠高达95.8%，天然气占2.9%，是世界第六大天然气储量国。[①]

美国的矿产资源有偿制度较为完善，根据联邦《矿产租约法》（Mineral Leasing Act）等相关法律，美国联邦对联邦政府管辖范围内的矿产开采收取权利金、红利和地面租金等费用。权利金是美国联邦政府对所管辖矿产资源的所有权收益的体现。美国对公有土地上可租让矿产的矿业权采取招标租让方式，中标人向政府支付标金，即联邦政府的红利收入。矿业权人在开采矿产的过程中需要使用矿地，因此需要向联邦政府支付地面租金。除了矿产资源以外，地热和风能的开发主体也需要向联邦政府交纳权利金、红利和地面租金等费用，这类收入统称为自然资源收入。美国联邦自然资源权利金和地面租金费率情况如表 5－6 所示，权利金按产值或销售收入的一定比例征收，地面租金按面积定额征收。

① 何金祥、李茂：《美国国土资源与产业管理》，北京：地质出版社，2007 年版。

表 5-6　　美国联邦自然资源权利金和地面租金费率情况

资源种类	权利金	地面租金
石油天然气	陆上：产值的 12.5%；海上：产值的 12.5%、16.67%或 18.75%	陆上：前 5 年为每年 1.5 美元/英亩，其后为每年 2 美元/英亩；海上：每年 7 美元/英亩或 11 美元/英亩，一些情况下会随着年限增加至每年 44 美元/英亩
煤炭	露天采矿：产值的 12.5% +0.28 美元/吨（矿山土地复垦费）； 地下采矿：产值的 8% + 0.12 美元/吨（矿山土地复垦费）	每年 3 美元/英亩
地热	电力销售：前 10 年为销售收入的 1.75%，其后为销售收入的 3.5% 市场销售：为销售收入的 10%	竞争性租用：第 1 年为每年 2 美元/英亩，第 2—10 年为每年 3 美元/英亩，其后每年 5 美元/英亩；非竞争租用：前 10 年为每年 1 美元/英亩，其后为每年 5 美元/英亩
风能	-	每年 3 美元/英亩

资料来源：Office of Natural Resources Revenue，Natural Resources Revenue Data，http://www.onrr.gov.

美国联邦政府通过权利金、红利和地面租金获得大量收入，如表 5-7 所示，2019 年美国联邦自然资源收入为 947680.89 万美元，其中权利金收入最多，为 832793.10 万美元，占自然资源收入的 87.88%，红利收入为 93987.58 万美元，地面租金收入为 13696.60 万美元。从资源种类来看，美国联邦政府从石油和天然气所得的自然资源收入最多，达到了 840879.73 万美元，占自然资源收入的 88.73%。

表 5-7　　2019 年美国联邦自然资源收入情况　　（单位：万美元）

资源种类	权利金	红利	地面租金	其他收入	合计
石油和天然气	774499.64	49641.04	12977.28	3761.77	840879.73
煤炭	44696.09	1292.50	102.05	-1639.65	44450.99
地热	1509.21	44.84	127.19	34.17	1715.41
风能	-	40510.00	501.65	0.44	41012.09
其他资源	12088.16	2499.20	-11.57	5046.88	19622.67
合计	832793.10	93987.58	13696.60	7203.61	947680.89

资料来源：Office of Natural Resources Revenue，Natural Resources Revenue Data，http://www.onrr.gov.

美国联邦对矿产资源不征收全国范围的专门税收，但是美国各州大都对各自管辖区内的自然资源征收开采税（Severance Tax）。需要说明的是，此处所称的开采税是对以自然资源为课税对象的一类税收的统称，各州的具体名称不尽相同，如开采税（Severance Tax）、油气开采税（Oil and Gas Severance Tax），石油生产税（Oil Gross Production Tax），木材税（Timber Tax）等名称。有的州没有该类税收，而有的州则有若干税种可归为开采税类。目前，在美国 50 个州中，有 39 个州征收这类税收。[①] 开采税的税制由各州政府制定，主要的课税对象是石油、天然气、煤炭、木材、部分水产品等自然资源，其中以矿产资源为主。

如表 5 - 8 所示，美国各州开采税的计征方式不尽相同，税率也差别较大。概括来说，税率有四种类型：一是定额税率，如俄亥俄州的资源开采税；二是以定额税率为基础，参照一定标准进行浮动，如北达科他州的天然气生产税，每个财政年度依据天然气价格调整；三是比例税率，如田纳西州的油气开采税，以原油和天然气销售价格的 3% 计征；四是定额税率和比例税率相结合，如印第安纳州的油气开采税，对原油而言，比较按 1% 计算的从价税额和按 0.24 美元/桶计算的从量税额，取两者较大值为应纳税额。

表 5 - 8　　美国部分州的开采税情况

地　区	具体名称	税目及税率
亚利桑那州	开采税	金属矿（2.5%），美国黄松（2.13 美元/千板英尺）、其他木材（1.51/千板英尺），石油、天然气、非金属矿产（3.125%）
伊利诺斯州	油气缴款	0.1%
	木材使用费	4%
印第安纳州	油气开采税	原油（1% 或 0.24 美元/桶，取两者较大值），天然气（1% 或 0.03 美元/千立方英尺，取两者较大值）
密歇根州	油气开采税	非低产井原油（6.6%），低产井油（4%），天然气（5%）
内布拉斯加州	油气开采税	非低产井原油和天然气（3%），低产井原油（2%）

① The Council of State Governments, Book of the States 2013, http: //www. csg. org.

续表

地　区	具体名称	税目及税率
新罕布什尔州	精炼石油生产税	0.1%
	木材税	10%
新墨西哥州	开采税	铜（0.5%），木材（0.125%），非金属矿石（0.125%），金银（0.20%），铅、锌、锰、稀土等（0.125%）
	油气开采税	原油、天然气、二氧化碳（3.75%）
北达科他州	原油生产税	5%
	天然气生产税	0.04美元/千立方英尺
	煤炭开采税	0.395美元/吨
	石油开采税	6.5%
俄亥俄州	资源开采税	原油（0.10美元/每桶），天然气（0.025美元/千立方英尺），盐（0.04美元/吨），沙子、沙砾、石灰岩、白云石（0.02美元/吨），煤（0.10美元/吨），黏土、砂岩、页岩、石膏、石英岩（0.01美元/吨）
田纳西州	油气开采税	3%
	煤炭开采税	0.75美元/吨
怀俄明州	开采税	原油、伴生凝析油、天然气（6%），低产井油（4%），地表煤（7%），地下煤（3.75%），天然碱（4%），铀（4%），其他矿物（2%）

资料来源：The Council of State Governments, Book of the States 2013, http://www.csg.org.

5.2.3 澳大利亚的资源税制[①]

澳大利亚是著名的资源大国，许多矿产资源位居世界前列。据有关统计，褐煤占世界总储量的25.2%，镍占37.6%、锌占23.7%、铀占34.3，铅占29.9%、金红石占50.2%，褐煤、镍、锌、铅、金红石等储量居世界第一，铁矿石、铝土矿、锰矿石、黑煤等位居世界前六名。[②]

澳大利亚在矿产资源领域，有多种专门性的税费，由联邦政府、州或自治领地政府分别进行征收管理。如表5-9所示，联邦政府征管的税

① 如无特别说明，本部分的资料来源均为Australian Taxation Office, http://www.ato.gov.au。

② 何金祥：《澳大利亚国土资源与产业管理》，北京：地质出版社，2009年版。

费包括石油资源租金税（Petroleum Resource Rent Tax，PRRT）、矿产资源租金税（Minerals Resource Rent Tax，MRRT）及原油和消费税（Crude oil and Condensate Excise）。

表 5-9　　澳大利亚联邦政府征管的矿产资源税费

名　称	征税范围	税　率
石油资源租金税	陆上和海上开采的油气产品，包括原油、天然气、凝析油、煤层气、液化石油气、乙烷、页岩油等	应税利润的 40%
矿产资源租金税	煤炭和铁矿石等	30%，实际按 22.5% 征收
原油和凝析油消费税	陆上、近海岸水域和西北大陆架开采的原油和凝析油	浮动税率，2019 年 8 月 5 日起为 0.418 澳元/升，2020 年 2 月 3 日起为 0.423 澳元/升

资料来源：根据 Australian Taxation Office（http：//www. ato. gov. au）提供的相关资料整理得出。

石油资源租金税最早实行于 1987 年，联邦政府在 2012 年 7 月 1 日扩大了该税的征税范围。该税的课税依据是销售石油获得的利润，征税范围为陆上和海上开采的油气产品，包括原油、天然气、凝析油、煤层气、液化石油气、乙烷、页岩油等，税率为应税利润的 40%，勘探开发及其他相关成本可以税前扣除。石油资源租金税以纳税人的开采项目为申报单位，即如果纳税人有多个开采项目，则以每个项目各自的利润单独申报税款。

矿产资源租金税实行于 2012 年 7 月 1 日，征税范围为煤炭和铁矿石，名义税率为 30%，实际按 22.5% 征收。起征点为年利润 7500 万澳元，即当矿业企业（含关联企业）名下所有矿业项目的利润总和少于 7500 万澳元/年时，当年不征收该税。当矿业项目支出大于收入时，亏损可以结转至下一年抵扣税款。需要说明的是，矿产资源租金税已于 2014 年 9 月 30 日停止征收，原因是该税过于复杂，遵从成本太大，破坏了商业信心，有损未来的投资和就业。

原油和凝析油消费税的征税范围为陆上、近海岸水域和西北大陆架开采的原油和凝析油。实行浮动税率，依照石油年生产率、发现日期和开采日期等调整，现为 0.423 澳元/升，免征额为前 4767.3 百万升

(3000 万桶)。

州或自治领地政府对各自辖区内的陆上和近海岸水域的石油和非油气矿产征收权利金。如表 5 - 10 所示，州或自治领地政府的权利金制度各不相同，计征方式可以分为四类：一是按矿产品的产量从量征收，如西澳国内销售的煤矿，按 1 澳元/吨计征；二是按矿产品符合规定的价格从价征收，如西澳、维多利亚等州的石油和天然气，费率大都为 10%；三是按销售利润征收，如北领地的铁、铜、铅、锌等非油气矿产，按销售利润的 20% 计征。

表 5 - 10　　澳大利亚部分州或自治领地的权利金费率

矿种	西澳州	维多利亚州	昆士兰州	北领地
石油和天然气	10% 或 12.5%	10%	10%	10%
煤	7.5%（出口），1 澳元/吨（国内）	2.75%（非褐煤）	7%（煤价≤100 澳元/吨）；10%（煤价 > 100 澳元/吨）	20%
铁矿	5%（精矿），6.5%（粉矿），7.5%（块矿）	2.75%	1.25 澳元/吨 + 2.5%（价格 > 100 澳元/吨）	20%
铜、铅、锌矿	5%（精矿），2.5%（其他）	2.75%	2.5%—5%（取决于价格）	20%
金刚石	7.5% 或 5%	2.75%	2.5%	20%
从价计费依据	井口价格（油气），市场价格（其他）	井口价格（油气），市场价格（其他）	井口价格（油气），市场价格（其他）	井口价格（油气），销售利润（其他）

资料来源：根据李刚：《澳大利亚矿产资源租税制度探析——以西澳为例》，《地方财政研究》，2013 年第 9 期和澳大利亚相关州或自治领地的官方网站整理得出。

5.2.4　加拿大的资源税制

加拿大土地辽阔，有着丰富的自然资源，特别是在矿产资源、森林资源、水资源和渔业资源等方面。据有关统计，加拿大的多种矿产资源储量排名位居世界前列，其中钾盐、硫和铟的储量位居第一位，石油、钨、石棉等的储量位居世界第二位，硒、铅、金刚石、锌、金、煤等的储量也在世界上占据重要位置；森林及林地面积达 4.53 亿公顷，约占全国面积的 45.5%。[①]

由于加拿大的矿产资源大都归为省级政府管辖，加拿大联邦没有针对矿产资源的特定税收，仅对边界领地（Frontier Lands）和印第安保留地（Indian reserve lands）内的矿产资源征收权利金。由于后者的权利金由许多不同的协定分别规定，且不具有代表性，这里仅介绍加拿大联邦对边界领地内的油气资源所征收的权利金的情况，边界领地包括西北领地、努勒维特和北部近海。该项权利金的依矿产开采企业的销售收入计征，费率按如下原则确定，在初期投资成本收回之前，开采项目刚开始时费率为 1%，每过 18 个月份增加 1%，最高值为 5%，当完全收回初期投资成本之后，权利金数额为销售收入的 5% 和销售利润的 30% 中的较大者。[②] 可见，该种权利金是资源租金型权利金和从价型权利金的组合，体现了风险和利润的共享机制。

省或地区对辖区内的矿产资源征收权利金、采矿税（Mining Tax）或矿产税（Mineral Tax）以及其他租费。在 2003 年之前，地方政府征收的这类资源税费不允许在计算联邦所得税的应税收入中扣除，2003 年至 2006 年期间，联邦政府逐步推进资源税费在应税收入扣除的政策，目前权利金和采矿税可以全部在联邦应税收入中扣除。

各地区对于油气资源和其他非油气矿产资源分别采取不同的税制安排，对油气资源征收权利金，对非油气资源征收权利金或采矿税（矿产税）。各地区征收的油气权利金，一般按产值或销售收入计征，油气权利金的费率大都与资源价格或开采量挂钩，进行浮动调整。由于各地区的油气资源权利金的费率计算公式比较复杂而且差别较大，本书以加拿大的油气资源大省亚伯达省的石油权利金为例进行说明。该省的石油权利金费率（R）由价格参数（rp）和产量参数（rq）加总得出，且费率不高于 40%，计算公式表示为：

① 宋国明：《加拿大国土资源与产业管理》，北京：地质出版社，2005 年版。

② Government of Canada，Frontier Lands Petroleum Royalty Regulations，http：//canada.ca/en.

$R = rp + rq$，且 $0\% \leqslant R \leqslant 40\%$

表 5－11 列出了相关参数的计算公式，可以看到，亚伯达省的石油权利金费率对石油价格和产量较为敏感。表 5－12 列出了在相关价格和产量下的费率水平，如果石油价格固定在 600 加元/立方米，产量为 50 立方米时费率为 12.64%，产量为 200 立方米时费率增至 36.59%，如果石油产量固定在 200 立方米，石油价格为 400 加元/立方米时费率为 27.89%，石油价格为 600 加元/立方米时费率增至 36.59%，可见石油价格和产量越高，权利金费率越大。

表 5－11　　亚伯达省石油权利金参数计算公式

石油标准价格（加元/立方米）	rp
PP≤ 250.0	（PP－190.0）×（0.0006）×100
250.0＜PP≤ 400.0	［（（PP－250.0）× 0.0010）＋0.0360］×100
400.0＜PP≤ 535.0	［（（PP－400.0）× 0.0005）＋0.1860］×100
PP ＞ 535.0	［（（PP－535.0）×0.0003）＋ 0.2535］×100
产量（立方米）	rq
Q≤106.4	［（Q－106.4）×0.0026］×100
106.4＜Q≤197.6	［（Q－106.4）×0.0010］×100
197.6＜Q≤304.0	［（（Q－197.6）×0.0007）＋0.0912］×100
Q＞304.0	［（（Q－304.0）×0.0003）＋0.1657］×100

注：rp 可以为负值，PP 表示石油标准价格（单位：加元/立方米），由政府每月按不同的石油种类公布，rp 的最大值为 35%；rq 可以为负值，Q 表示月产量（单位：立方米），rp 的最大值为 30%。

资料来源：Alberta Department of Energy，www.energy.gov.ab.ca.

表 5－12　　亚伯达省石油权利金在既定油价和产量下的费率

石油标准价格（加元/立方米）	产量（立方米）	rp（%）	rq（%）	R（%）
400	50	18.60	－14.66	3.94
400	200	18.60	9.29	27.89
600	50	27.30	－14.66	12.64
600	200	27.30	9.29	36.59

资料来源：Alberta Department of Energy，www.energy.gov.ab.ca.

省或地区的非油气资源的采矿税（矿产税）或权利金以从价计征为主，对部分矿产品实行从量计征。例如亚伯达省的权利金对金属矿产实行从价计征，而对煤炭、石灰岩、盐等某些特定的矿产实行从量计征，其中煤的税额为每吨 0.55 加元。[①] 大多数省或地区的非油气资源的从价采矿税（矿产税）以采矿利润为课税依据，一般允许采矿企业在计算应税所得时扣除采选的生产成本，包括资产折旧和生产前摊销的支出，而权利金则基本上以销售收入或产值为课税依据。如表 5－13 所示，各省或地区的非油气矿产税费的税率（费率）的种类不尽相同，税率（费率）水平也存在差异。非油气矿产税费的税率（费率）包括三种类型，一是比例税率，如安大略省的矿产税，税率为 20%，起征点为 50 万加元；二是有累进税率，如育空地区的采矿税，税率分别为 3%（1 万至 100 万加元），5%（100 万至 500 万加元），每增加 500 万税率增加 1%，最高为 12%，三是比例税率（费率）和累进税率（费率）相结合，取金额较大者，如西北领地和努勒维特地区的权利金。

加拿大各地区在征收权利金或采矿税（矿产税）的同时，还征收矿地使用费（矿地租金），各地区的征收标准有所不同。如安大略的探矿权使用费为每年每公顷 0.75 加元，采矿权使用费为每年每公顷 3 加元；不列颠哥伦比亚省的探矿权使用费为每年每公顷 0.4 加元，采矿权使用费为每年每公顷 10 加元。[②]

表 5－13　　加拿大省或地区的非油气矿产从价税费

地区	税费名称	计征方式
育空	采矿税	课税依据：应税利润；累进税率：3%（1 万至 100 万加元），5%（100 万至 500 万加元），每增加 500 万税率增加 1%，最高为 12%
亚伯达省	金属矿产权利金	完全收回成本前：坑口收入的 1%；完全收回成本后：如下二者中的较大值，净利润的 12%，坑口收入的 1%

① Alberta Department of Energy, www.energy.gov.ab.ca.

② 宋国明：《加拿大国土资源与产业管理》，地质出版社，北京：2005 年版。

续表

地区	税费名称	计征方式
马尼托巴省	采矿税	课税依据：应税利润；累进税率：10%（小于5000万加元），65%（5000万至5500万加元），15%（5500万至1亿加元），57%（1亿至1.05亿加元），17%（大于1.05亿加元）
新斯科舍省	权利金	净收入的2%和净利润的15%之中的较大值
萨斯喀彻温省	金属矿产税	净利润的5%（销售数量100万金衡盎司及以下），净利润的10%（销售数量100万金衡盎司以上）
魁北克省	采矿税	现行规定：应税利润的16%；未来规定：如下两者较大值，坑口产值的1%或4%，年利润按16%到28%的累进税率计算得出的税额
西北领地和努勒维特	权利金	课税依据：应税产值；税率：13%和如下规则确定的税率之中的较小值，5%（产值1万至500万加元），6%（产值500万至1000万加元），产值每增加500万加元税率增加1%，最高为14%
不列颠哥伦比亚省	矿产税	应税净收益的2%与应税净收入的13%之和
安大略省	采矿税	应税利润的10%，起征点为50万加元
新不伦瑞克省	权利金、金属矿产税	权利金：净收入的2%；矿产税：应税净利润的16%，起征点：10万加元
纽芬兰和拉布拉多省	采矿税、权利金补贴税	采矿税：应税利润的15%；权利金补贴税：权利金补贴与实际支付权利金差额的20%

资料来源：PWC, Canadian Mining Tax, www.pwc.com/ca/canminingtax.

5.3 国外资源税制的经验借鉴

可以看到，为了维护国家在自然资源方面的权益和发挥政府的调控功能，主要的资源大国制定了符合自身社会制度和发展情况的资源税费制度。虽然我国的社会制度和发展水平与这些发达国家差距较大，但是我国和这些国家在实行市场经济方面又有许多共性，他们的税费制度给我国的资源税改革提供了许多可以借鉴的经验，概括来说包括如下几个方面。

第一，各类税费的征收目的明确，税费体系完备。国际上资源领域的税费主要包括权利金、红利、地面租金、资源租金税等。这些税费都有各自明确的功能，其中权利金、红利、地面租金是政府凭借资源或土地的产权征收，目的是维护国家相关的产权利益，资源租金税是政府凭借政治权利征收，目的是调节相关行业的超额利润。如上四个国家中，最典型的是澳大利亚的资源税制，地方政府对资源开采征收权利金来保障辖区内的矿产所有权利益，联邦政府征收资源租金税调节超额利润。

第二，资源税种的税率与资源价格联系密切。尽管各国税制的具体设计差别较大，但大部分的资源税种实行从价税率，即使对于特定资源实行的定额税率也大都依据资源的价格进行动态调整，如俄罗斯的煤炭开采税，每个季度按照煤炭价格指数调整，再如加拿大的油气权利金，设计了精确的金额调整公式，金额变动与资源价格和资源开采量联系密切。采用某种调节系数对资源税税率进行动态调整，一定程度上使得税制变得复杂，对税务部门的征管水平要求较高，有的还需要纳税人自行计算调整。这一设计对制度比较完善的发达国家来说易于实现，但对我国而言则不宜盲目效仿。比例税率和动态定额税率与资源价格联系密切，可以发挥税收与价格的联动机制，可以较充分发挥税收的财政功能和调节功能。

第三，资源税种的征税范围较为广泛。资源税种的课税对象主要包括如下几个方面：一是矿产资源，这是各国最主要的课税对象，特别是石油和天然气，税率基本上高于其他矿产，在前文所述的四个资源大国中，矿产资源都是征税的主要对象；二是水资源，多数国家或地区采用征税或收费的方式保护水资源，如俄罗斯的水资源税涵盖了水资源利用的大多数方面；三是森林资源，各国用征税或收费的方式实现国有森林资源的有偿使用，如美国部分州征收的木材开采税。四是其他资源，有的国家或地区对水产品和其他动物资源征税。

5.4　本章小结

本章总结了国外资源领域的主要税费工具，对俄罗斯、美国、澳大利亚和加拿大的资源税制进行了比较分析，概括了国外资源税制对我国资源税改革可以借鉴的经验。

国际上资源领域的税费主要包括权利金、红利、地面租金、资源租金税等，其中权利金、红利、地面租金是政府凭借资源或土地的产权征收，目的是维护国家相关的产权利益，资源租金税是政府凭借政治权利征收，目的是调节相关行业的超额利润。

俄罗斯联邦对矿产资源征收开采税，对淡水、土地等资源也征收相应的税费。美国联邦对矿产开采人收取权利金、红利和地面租金等费用，美国各州大都对各自管辖区内的自然资源征收开采税。澳大利亚在矿产资源领域有多种专门性的税费，联邦政府征管的税费包括石油资源租金税、矿产资源租金税和原油消费税，州或自治领地政府对各自辖区内的陆上和近海岸水域的石油和非油气矿产征收权利金。加拿大的省或地区对矿产资源征收权利金或采矿税（矿产税），同时还征收矿地使用费（矿地租金）。

国外资源税制给我国的资源税改革提供了许多可以借鉴的经验。第一，各类税费征收目的明确，税费体系完备。第二，资源税种的税率与资源价格联系密切，各国的大部分资源税种实行比例税率，即使对于特定资源实行的定额税率也大都依据资源的价格进行动态调整。第三，资源税种的征税范围较为广泛，主要包括矿产资源、水资源、森林资源、水产品和其他动物资源等。

第 6 章　推进我国资源税改革的思路

长期以来，我国经济采取的是粗放型的增长方式，经济高速增长的背后是资源的过度消耗与环境的急剧恶化。我国资源税制度不合理，虽经多次调整，其应有的作用仍然未能充分发挥。因此，当前应继续推进资源税的改革，加大对资源税的调整和完善，使其在促进资源合理开采与高效利用、解决资源外部性问题和维护代际公平等方面发挥重要作用。在前文的基础上，本章提出生态文明建设视角下我国资源税的改革思路，界定资源税的主体功能和附属功能，分析资源税的调节功能的实现机制，提出资源税改革多方面的具体措施。

6.1　资源税的功能定位

我国自然资源消耗过快，利用效率低下，严重制约了经济社会的可持续发展，资源税没有发挥应有的调节作用，原因之一就是资源税的功能定位不够明确，已不适应当前经济社会发展的需要。

对于资源税的功能定位，相关学者从不同的角度给出了各自的观点。谢焕瑛、王立杰（1997）提出了煤炭资源税三个方面的功能，一是实行煤炭资源有偿使用，保证国家的煤炭资源所有权在经济上得以实现；二是调节资源级差收益，用煤炭资源税来调节煤炭企业由于自然条件差异所形成的级差收益；三是促进煤炭资源的合理开发和使用，保护煤炭资源。先福军（2010）认为资源税既具有调节级差收入的性质，也有“资源补偿费”的功能，且两者的计算依据也一致，应取消矿产资源补偿费，将其并入资源税。蒲志仲（2007）认为征收矿产资源税的目的在于补偿国家为矿产资源开发所提供的公共设施和公共服务成本，调节矿产资源利益分配矛盾；刘植才（2012）认为资源税应以调节级差收入的功能为主。虽然对资源税的定位尚无统一的观点，但是更多的学者（陈文东，2007；林伯强等，2012；刘立佳，2013；张海星，2013）认为资源税应该在促进资源的可持续利用方面发挥作用，资源税要体现因资源开采而产生的社会成本和关注代际间的外部性问题（计金标，2007）。

本书认为，资源税的功能应当依据可持续发展理论、可耗竭资源理论、外部性和庇古税等理论，并结合当前我国生态文明建设的需要和经济社会发展的具体实践重新界定，以便从根本上确立资源税进一步改革的方向。

6.1.1 资源税的主体功能

资源税的一个理论依据源于自然资源的代际外部性。自然资源包括不可再生资源和可再生资源，两者的根本差别在于是否具有不可再生性或可耗竭性。不可再生资源具有不可再生性，其储量是固定的，当代人对不可再生资源消耗的数量越大，留给后代人能够利用的数量就会越少。对于可再生资源，如果消耗的速度超过了其自身再生的速度，可再生资源就会转变为不可再生资源。无论是不可再生资源还是可再生资源，当代人对它们的过度消耗必然影响后代人对资源的使用，进而影响未来的经济发展和居民福利水平，造成资源在代际间分配的不公，产生代际外部性问题。

由于市场失灵的存在，即便满足完全竞争市场的假设，市场机制也无法进行有效的资源配置，一个可能的解释是因为现代人没有主动承担外部成本的动力，需要政府对外部性进行矫正（林伯强等，2012）。政府矫正外部性和解决市场资源配置“失灵”的手段主要包括行政手段和经济手段。与行政手段相比，经济手段可以较好地解决资源外部性问题，而有效的资源税则是其中的重要工具和杠杆。利用资源税来矫正自然资源的代际外部性问题，体现了“庇古税”的理论内涵。具体而言，如果当代人对资源的消耗对后代人产生负外部性影响，那么通过对资源的开采或使用征收特定的税收，可以增加当代人利用资源的成本，从而实现外部成本内在化。理论上而言，成本的提高能够抑制当代人对资源的需求，并能促使当代人提高资源的利用效率，从而将资源的开发利用数量控制在一个合理的水平。另外，如果政府将资源税收入用于资源的可持续利用领域，则能更好地解决资源配置的代际不公平。

资源税的另一个理论依据是资源的稀缺租金。由于不可再生性或可再生的难度较大，自然资源大都具有一定的稀缺性。一方面，根据可耗竭资源理论，稀缺性是产生自然资源经济租金（收入超过边际成本的部分）的根源之一，也就是所谓的“稀缺租金”。自然资源的稀缺租金应当是资源价格的组成部分，但是由于市场机制的缺陷，这一经济租金并不完全体现在资源的价格上，资源价格被低估加速了资源的开采和消耗速度。另一方面，根据霍特林的“时间倾斜”理论，税收可以降低初期的资源产量而增加后期的资源产量，因此资源税能够控制资源的开采速度（曹爱红等，2011）。而且，如果通过资源税将自然资源生产中获得的稀缺租金储蓄下来，并且全部用于再生产的资本投入中去，“消费在代际间非下降”的状态是可以实现的，进而实现在可耗竭资源约束下的可持续发展（Hartwick，1977）。

从实质上看，自然资源的代际外部成本和稀缺租金是一致的，两者都源于自然资源的稀缺性，只是分析的角度不同。对自然资源征税，一方面可以纠正自然资源利用的代际外部性，解决自然资源配置的代际不公平，实现代际外部成本内部化；另一方面可以使自然资源的价格包含稀缺租金，进而使自然资源的价格维持在合理水平，最终控制自然资源的开发利用速度。因此，本书认为资源税的主体功能应当是纠正资源开发利用中产生的代际外部性，同时取得自然资源的稀缺租金，使资源产品的成本和价格能够反映其代际外部成本和稀缺性，抑制当代人对资源的过度消耗，提高资源利用效率。同时，应将所得税款主要用于促进资源领域的可持续发展方面，以保障未来人们的资源消费需求，最终实现经济社会的可持续发展。概括来说，资源税的主体功能是促进资源的节约开发和利用，为最终实现经济社会的可持续发展发挥作用。

6.1.2　资源税的附属功能

由于自然资源是整个经济的物质基础，对自然资源征税必然影响经济的运行。为实现资源税调节资源开发利用的作用，需要对自然资源征税，且税率应维持在一定水平之上。资源税的征收会带动资源价格的提升，进而对经济运行各个方面产生影响。这些影响对经济社会发展而言大都是积极的，可以把它们看作是资源税的附属功能。需要说明的是，这些附属功能的效果不尽相同，有的效果较为明显，有的效果则比较有限，附属功能只是在资源税实现其主体功能的过程中伴随产生的，不是资源税的政策重点和目的。具体而言，资源税的附属功能主要包括如下几个方面：

（1）增强地方财政实力和均衡地区间财政能力

随着公共财政体制的健全，地方政府承担了大量的公共支出责任。当前中央和地方财力与事权不尽匹配，地方政府缺少主体税种，急需培育地方支柱财源，增加地方本级收入，以满足地方公共支出需要的不断增强。当前资源税主要的收入划归地方政府，如果资源税收入达到一定水平，可以增强地方财政实力，充实地方税体系，提高地方政府公共支出保障能力。同时，我国自然资源主要集中在中西部地区，中西部政府财政收入的提高，有利于降低中西部地区和东部地区间的财政能力差距。

（2）一定程度上降低与资源开发使用相关的环境污染

我国许多环境污染问题很大一部分是与自然资源的使用相关的。比如化石能源使用中会排放大量温室气体，产生一些有污染的烟气，对生态环境造成损害。资源税可以抑制资源的过度开采和使用，提高资源的利用效率，使整个经济系统中资源使用的总量下降，从而一定程度上降低与资源开发使用相关的环境污染。但是，应当看到自然资源开采利用造成的环境污染问题，不是资源税所能完全解决的，应当主要依靠其他经济手段加以调节，如排污权交易制度或环境税。二者与资源税相比，对环境污染问题更有针对性。

（3）一定程度上促进经济发展方式转变和产业结构优化

加快经济发展方式由粗放型向集约型转变，要求改变通过资源能源过度消耗来实现经济增长的模式，而优化产业结构则要求控制高资源消耗产业的扩张，实现高新技术产业和现代服务业对传统高资源消耗产业的替代。资源税可以通过价格传导机制增加资源开发和使用的成本，如果某个产业在生产过程中投入的自然资源所占的比例越大，其生产成本也就越高，从而起到抑制高资源消耗产业扩张的作用，促进经济发展方式由粗放型向集约型转变，加快高新技术产业和现代服务业对高资源消耗产业的替代。

（4）一定程度上调节行业收入差距

随着市场化进程的加快，20 世纪 90 年代以来我国行业间收入差距扩大迅速。虽然由行业间技术和资本密集程度等差别引起的收入差距有其合理性，但我国行业收入差距中较大部分是由相关行业的特殊地位造成的。经过多年的改革，一些行业的大型国有企业，凭借其特殊地位，实力日益壮大，利润不断积累，相关行业和企业的高工资、高福利和高管高薪问题日益突出。特别是采掘业、石油化工、电力等与矿产资源密切相关的行业，其利润和收入一直处于较高水平。通过税负转嫁机制，资源税的税收负担一部分可由资源开采企业和资源使用企业承担，在一定程度上对行业收入差距进行调节。

6.2　资源税调节功能的实现机制

同其他间接税一样，资源税的调节作用是通过价格传导机制产生的。自然资源的价格是以其价值为基础的，对自然资源价格的考察需要以资源价值为出发点。如表 6 - 1 所示，本书认为自然资源的价值应当包括产权价值、生产价值和外部补偿价值。自然资源的产权价值是指自然资源天然形成的本身所具有的价值，体现在资源产权的价格上，其大小取决于资源的丰饶度、质量及所在地区等因素。自然资源的生产价值是指资源开采、加工过程中劳动和资本投入形成的附加值，体现在企业的生产成本上（不包括购买资源产权的费用）。外部补偿价值是指由资源开发利用过程中的外部性问题带来的经济损失，这一损失需要通过补偿机制加以弥补，外部补偿价值包括代际补偿价值和环境补偿价值两部分。其中自然资源的代际补偿价值是指由于当代人对资源的开采导致后代人在资源利用方面的损失，体现在代际外部成本上；自然资源的环境价值是指资源开采、加工和使用过程中对生态环境造成的破坏而带来的损失，体现在生态环境的治理成本上。

表 6－1　　自然资源的价值构成

<table>
<tr><td rowspan="4">自然资源价值</td><td colspan="2">产权价值</td><td>产权价格</td></tr>
<tr><td colspan="2">生产价值</td><td>生产成本</td></tr>
<tr><td rowspan="2">外部补偿价值</td><td>代际补偿价值</td><td>代际外部成本</td></tr>
<tr><td>环境补偿价值</td><td>生态环境治理成本</td></tr>
</table>

资源的代际补偿价值和环境补偿价值属于资源开采企业的外部性成本，由于市场失灵的存在，这两类价值在资源的价格中难以得到体现，导致了自然资源开发中补偿机制的严重缺失，资源消耗和环境污染得不到有效的价值补偿。对自然资源征收资源税，可以使资源的价值中包括资源的代际补偿价值，也就是代际外部成本，从而带来资源价格的提高。提高后的资源价格可以反映代际外部成本和资源的稀缺性，从而对资源开采企业和资源使用者产生激励效果，实现节约资源和提高资源使用效率的目的。大多数研究者（如 Newell et a. l. ，1999；Popp，2001 等）认为能源价格的提高能够促进能源使用效率的提升，在一定时期内提高能源价格是促进能源高效使用的重要手段。

通过税负转嫁机制，正常条件下资源税的税负由资源的生产者和使用者共同承担。资源税的调节机制对于不同的经济主体不尽相同，下面分别分析资源税对资源开采企业、资源消费者和资源使用企业的调节机制。

第一，资源税通过改变生产成本对资源开采企业施加影响。对资源开采活动征收适度水平的资源税，可以提高企业的生产成本，使相同价格水平下企业的供给减少。同时，由于企业需要负担部分税负，企业收益降低，在利益的激励下，开采企业会通过提高开采效率和回采率以获得收益的提高。从而，资源税实现了对资源开采企业的过度开采行为和较低开采效率的调节。这一机制可以通过图 6－1 加以说明，由于对资源开采企业征收数额为 T 的资源税，资源品的供给曲线由 S 上移至 S′，与需求曲线的交点由 E_0 移至 E_1，资源品的均衡价格由 P_0 提高至 P_1，均衡数量由 Q_0 降至 Q_1，资源的供给价格由 P_0 下降至 P_2，导致开采企业的收益降低，其收益由 $P_0E_0Q_0O$ 的面积减少为 $P_2E_2Q_1O$ 的面积。

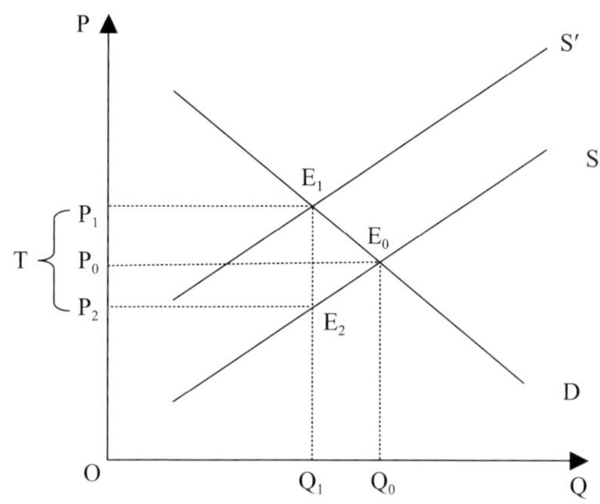

图 6－1　资源税对资源开采企业的调节机制

第二，资源税通过改变资源的价格对资源消费者施加影响。资源税对消费者的影响通过收入效应和替代效应两个途径发挥作用。收入效应方面，通过税负转嫁机制消费者会负担一部分税负，在名义收入不变的条件下，消费者的实际收入减少，就会促使消费者减少对应税资源的消费，资源消费在消费者收入中所占的比重越大，这种作用的影响也越大。替代效应方面，由于资源税的征收，应税资源的价格要高于其他非应税的替代品，从而促使消费者增加资源替代品的消费而减少应税资源的消费。在收入效应和替代效应的共同作用下，消费者的资源消费需求会下降。

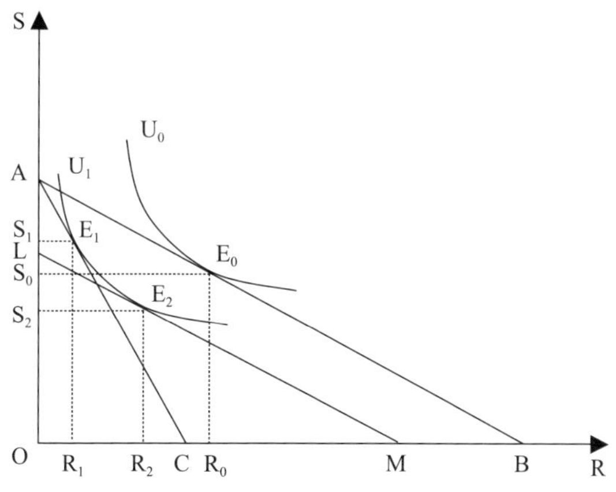

图 6－2　资源税对资源消费者的调节机制

这一机制可以通过图 6－2 加以说明，这假定消费者只消费两种商品，一种是资源品 R，另一种是非资源品 S，消费者的预算约束线 AB 与效用无差异曲线 U_0 相切于 E_0 点，决定了资源品 R 的消费数量为 R_0，非资源品 S 的消费数量为 S_0，对资源品 R 征税之后，消费者的预算约束线变为 AC，并与效用无差异曲线 U_1 相切于 E_1 点，决定了资源品 R 的消费数量减少为 R_1，非资源品 S 的消费数量变动为 S_1。为了说明收入效应和替代效应，图中新增一条补偿预算线 LM，其与原预算约束线 AB 平行且与无差异曲线 U_2 相切，切点为 E_2 点。由于 LM 与 AB 平行，两条曲线有相同的斜率，即它们代表的相对价格没有改变。所以，从 E_0 点移动到 E_2 点，与之对应的商品消费量的变动就是收入效应，资源品 R 减少的数量为（$R_0 - R_2$），非资源品 S 减少的数量为（$S_0 - S_2$）。同时，点 E_2 和点 E_1 在同一条无差异曲线上，表明这两点分别代表的资源品和非资源品的组合对于该消费者来说效用是一样的，但相对价格发生了变化。因此，从点 E_2 移动到点 E_1，与之对应的商品消费量的变动就是替代效应，资源品 R 减少的数量为（$R_2 - R_1$），非资源品 S 增加的数量为（$S_1 - S_2$）。总的来看，资源税的收入效应和替代效应共同使资源品 R 的消费数量减少了 $(R_0 - R_2) + (R_2 - R_1) = (R_0 - R_1)$，使非资源品 S 的消费数量变动了 $-(S_0 - S_2) + (S_1 - S_2) = (S_1 - S_0)$。

第三，资源税对资源使用企业的影响是通过改变资源的价格进而影响企业的生产成本来实现的。由于资源价格的提高，以资源为投入品的资源下游产品生产企业的成本提高，在相同价格水平下资源下游产品的供给减少，进而对包括资源在内的生产要素投入的需求减少，该机制与图 6－1 说明的资源税影响资源开采企业的机制类似。同时，由于应税资源的价格高于其他非应税的替代品，促使资源使用企业增加资源替代品的使用而减少应税资源的使用，该机制可以通过图 6－3 加以说明。

这里假定资源使用企业只使用两种要素投入，一种是资源品 R，一种是非资源品 S，在征收资源税之前，等产量线 Q 与等成本线 FG 相切于点 E_0，边际技术替代率等于等产量线的斜率，该点是追求利润最大化企业的最优组合。对资源品征收资源税之后，资源品和非资源品的相对价

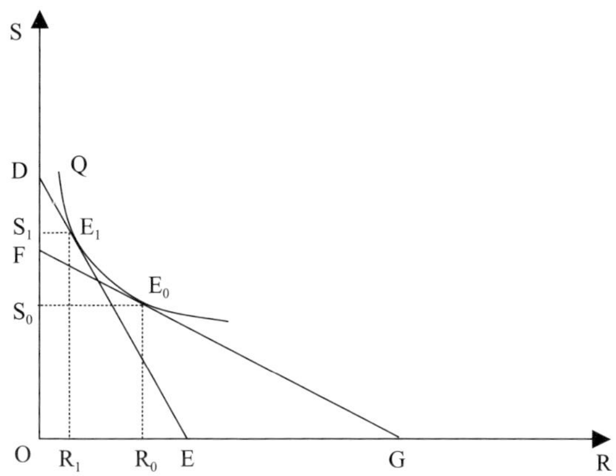

图 6－3　资源税对资源使用企业的替代效应

格发生变化，等产量线的斜率的绝对值变大，在维持既定产量 Q 的条件下，等产量线与新的等成本线相切于点 E_1，边际技术替代率等于等产量线的斜率，该点是企业新的最优组合，企业对资源品的需求由 R_0 减少至 R_1，企业对非资源品的需求由 S_0 增加至 S_1，资源品减少了（R_0-R_1），而非资源品增加了（S_1-S_0），这就是资源税对资源使用企业的替代效应，同时可以看到，在既定的产量下新的最优组合所代表的企业生产成本增加。由于如上两方面的原因，资源使用企业对资源的需求下降。

另外，在市场经济中，资源税对资源使用企业的影响可以通过价格联动机制，逐步传导到下游的所有产品上去。资源税的提高，会使资源及其下游一系列产品的价格有不同程度的提高，导致相关产品的需求减少，进一步降低对资源的需求。

6.3　资源税改革的具体措施

为了实现资源税在促进资源节约方面的调节功能，保障资源的永续使用，应当调整资源税的各项税收要素，完善相关的配套措施。资源税改革的具体措施包括如下几个方面：

6.3.1　扩大资源税的征税范围

我国资源税的征税范围虽然经过多次扩大，但现行资源税的税目仅包括盐和原油、天然气、煤炭、金属矿原矿、非金属矿原矿等矿产资源，许多可再生资源被排除在外。虽然某些资源是可再生的，但是如果人类对其的消耗程度超过了其再生的限度，可再生资源就会转变成不可再生资源，最终耗竭殆尽。与不可再生的矿产资源一样，我国人均可再生自然资源不足，经济发展对可再生资源的消耗过大，可再生资源保护问题同样严峻。因此，一切稀缺且过度消耗的自然资源都需要加以保护，应当合理地扩大资源税的征税范围，除矿产资源外，其他稀缺且过度消耗的自然资源也应当包括在征税范围之内。

扩大资源税征税范围有多方面的积极意义。一是遏制自然资源的过度开发利用。当前水资源、森林资源、草原资源和湿地资源等的开发利用已相当普遍，由于缺乏必要的规制措施，特别是资源税的缺位，资源破坏现象十分严重。资源税可以提高相关企业开采或开发资源的成本，遏制对资源的掠夺式开采。二是优化资源产品及其下游产品的相对价格。资源税是资源产品价格的组成部分，资源税使应税资源产品的价格得到提升，会降低企业和个人对应税资源及其下游产品的需求，抑制资源消耗总量的增加。三是保障税收的公平原则。对开采或开发的大部分自然资源都征收资源税，符合税收的公平原则和中性原则。

资源税的征税范围的扩大可从如下几个方面考虑：第一，将再生速度较慢或难度较大的可再生资源纳入征税范围，包括森林资源、草场资源等。第二，将我国较为稀缺且浪费严重的资源纳入征税范围，如水资源。虽然当前多个省份正在进行水资源税试点，但是计征方式和税率不尽相同，缺乏全国范围的水资源税。针对当前水资源浪费严重的问题，应将水资源正式纳入资源税征税范围，包括河流、湖泊、地下水、地热水等水资源，除了水资源的开采，特定水域的使用也应包括在内，包括淡水水域和海水水域。第三，将与生态环境联系密切且不宜大量开发的资源纳入征税范围，发挥资源税在环境保护方面的功能，除森林资源、草场资源外，还包括湿地资源、渔业资源等。

6.3.2 优化资源税的税率设计

资源税税率的设计应当考虑不同资源的稀缺程度，对宏观经济的影响和居民的承受能力等多方面的因素。资源税调节功能的充分实现一般需要两个条件，一是从价定率的计征方式，二是合理的税率水平。过低的税率无法通过价格传导机制对资源开发和使用等环节起到有效的调节作用。适当地提高资源税税率，使资源税在开采企业成本中的比重提高，可以引起企业的重视，减少开采过程中的浪费。由于市场机制的不完善，我国资源价格整体偏低，价格没有体现资源的稀缺性，而适当提高资源税税率可以有效地提升资源价格。资源价格的提升可以抑制资源的过度需求，使资源使用企业和居民重视资源的节约，提高资源利用效率。

为了充分发挥资源税的调节功能，应当适度提高资源税的税率水平，并细化税率设置。对于消耗速度较大且稀缺程度较高的资源实行较高的税率，如某些稀缺的矿产资源、森林资源等；对于消耗速度不高、储量较大或鼓励开发的资源实行低税率，如盐、地热资源等。同时，细化资源税税率设置，对同一类别的资源根据其产品品质、开采条件、环境影响等设置差别税率，如对产品品质高、开采条件好、环境破坏大的资源实行高税率。需要说明的是，提高资源税税率需要充分考虑税负的变动对宏观经济的影响和居民的承受能力，税率提高的限度必须控制在宏观经济和居民的承受能力之内，而且应当采取渐进式的增税策略。

6.3.3　改进资源税的计征方式

2011 年 11 月份起石油和天然气资源税实行从价定率的方式征收，我国资源税由此开始实行从量定额和从价定率相结合的计征方式。2014 年 12 月起煤炭实行从价计征，2016 年 7 月 1 日起全面推进资源税改革，对列举名称的 21 种资源品目和未列举名称的其他金属矿实行从价计征。经这三次的改革，从价计征成为资源税主要的计征方式。但是，当前仍有少数消耗过度、亟待保护的资源产品按照从量定额的方式计征资源税，资源税的调节功能仍然难以充分发挥。

如前文所述，资源税的调节功能是通过价格机制实现的，从量定额的计征方式隔断了税收与商品价格的密切关系，使税收丧失了“自动调节”的功能。从价计征方式则可以实现资源税与应税资源产品的价格联动机制，一方面，资源税可以直接影响应税资源产品价格变动，对经济主体施加影响，税收调节功能得以发挥；另一方面，资源税“自动调节”机制可以发挥作用，资源税收入可以随应税资源产品的价格上涨而提高，能够实现资源税调节行业的收入差距的附属功能。而且，从价征收资源销售税比定额销售税可以带来更大的税收收入和社会福利（Hung and Quyen，2009）。

在资源税扩围的同时，应继续完善从量定额与从价定率相结合的计征方式。对于消耗强度较大且市场化程度较高的资源产品，原则上都应实行从价计征，除现行从价计征的资源产品以外，还应包括黏土和沙石原矿、水资源、森林资源等；对于需求量比较稳定或市场化程度不高，且数量或范围便于统计的资源产品，实行从量计征，包括盐和草原资源等。

6.3.4 明确资源税收入的用途

目前我国资源税收入纳入预算统一管理，但没有限定特定的用途。虽然如果计征方式和税率设计合理的话，资源税可以通过价格传导机制遏制资源的过度开发和促进资源使用效率的提升，但是为了更好地实现可持续发展，资源税收入的用途应当加以限定和明确。既然征收资源税的目的是基于资源的稀缺性和代际成本，那么所得的税款应当主要用于可持续发展方面，以保障未来人们的资源消费需求。具体而言，资源税收入的用途应当包括如下几个方面：

一是支持资源领域的科技创新，特别是新能源开发和资源循环利用方面。技术进步是实现可持续发展的根本保障，由于不可再生资源终究会消耗殆尽，对新能源的开发和资源循环利用技术的研发是解决这一问题的良好途径，不可再生资源开采获得的收入应当支持其替代品的研发（Ekins et al.，2003）。另外，资源领域的科技创新活动是再生产过程的一部分，而如果将从资源开采活动中获取的经济租金作为资本投入全部用于再生产，那么产出和消费水平就不会随着时间改变，也就是实现了可持续的发展（Hartwick，1977）。

二是支持提高资源利用效率和改善能源结构。短期来看，自然资源的广泛使用的现状难以改变，但资源利用效率的提升可以有效减少资源消耗的总量，应当支持能够提升资源利用效率的相关技术的研发。同时，由于我国能源消费是资源消耗的主要部分，而能源消费以不可再生的化石能源为主，应当促进能源结构的优化，推广新能源和清洁能源（如太阳能、地热能、风能）的使用。

三是支持自然资源和生态环境的保护。不当的开发和生产活动对自然资源的破坏在我国比较严重和普遍。对可再生资源而言，如森林、草原、水资源等，过度开采导致的资源退化较为明显，严重影响了它们的再生能力，需要对这类资源加以修复和保护；对不可再生资源而言，如矿产资源，开采过程中对周围环境的破坏严重，如植被破坏、土地破坏、水系破坏和污染等，矿区周围的环境急需治理。除了治理资源破坏以外，自然资源（特别是可再生资源）的正常维护也需要大量的资金，而对自然资源征税是保护自然资源的较好资金来源（Bishop，1993）。

6.3.5　完善资源价格形成机制

资源税调节功能的实现是依靠价格传导机制产生的，资源产品价格形成机制对资源税功能的发挥至关重要。当前，除煤炭以外的其他资源的价格市场化程度不高，资源税税负的提高较难通过资源的价格传导出去。因此，应当加快我国资源价格形成机制改革，建立健全市场作用为主、行政干预为辅的价格形成机制，充分发挥市场在资源价格形成中的基础作用，使资源价格充分反映资源的全部价值和供求关系。

在推进资源价格形成机制市场化导向的改革中，应当依据不同资源的属性加以区别，煤、石油、天然气等矿产资源，森林资源和电力等具有较高的竞争性，价格的市场化改革是合理的，而对于涉及居民生活用途的资源如民用燃气、生活用水，推进市场化的同时，也需政府对价格进行监管与调控，以保障居民的基本福利水平。

6.3.6　健全矿产资源税费体系

除资源税以外，我国矿产资源生产领域还存在多种收费项目，包括矿业权出让收益，矿业权占用费，石油特别收益金等，它们共同组成了当前的资源税费制度。由于多方面的原因，这些税费在功能定位上理论依据模糊，相互交叉重叠，难以构成完善的体系，严重影响了资源税调节功能的发挥。推进资源税改革，必须在整个税费体系中将相关税费统筹考虑，科学地健全资源税费体系，明确现行矿产资源税费的功能，使其各司其职，相互协调。

在矿产资源国有的前提下，作为国家利益的代表，政府既是矿产资源的所有者，又是公共事务的管理者。政府凭借所有权收取租费，实现矿产资源所有权的经济利益。作为矿产资源所有权的派生物，矿业权分为探矿权和采矿权。同时，政府凭借政治权收取税费，从社会的整体利益出发，对资源开发和使用进行宏观调控和管理。如图6－4所示，依据政府分别作为资源所有者和公共事务管理者的身份，形成功能明晰的矿产资源税费体系。

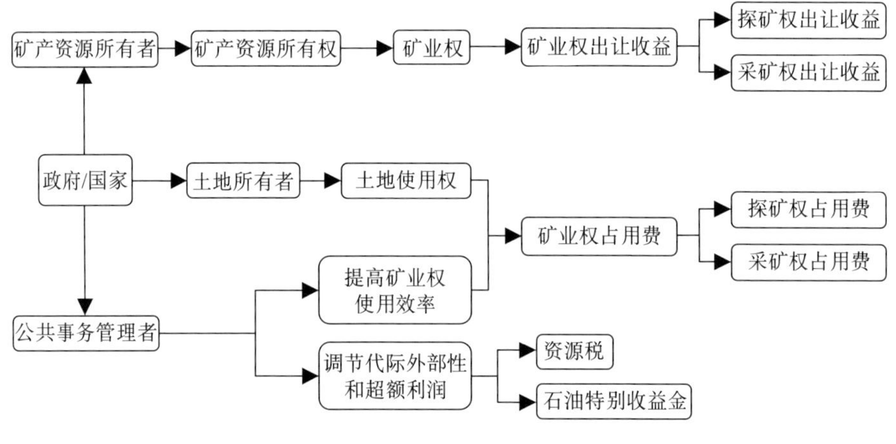

图6－4　矿产资源税费体系

在矿产资源税费体系中，一类税费是为了维护国家所有权利益而征收的，即矿业权出让收益是基于国家对矿产资源产权的所有；另一类税费是基于政府作为公共事务管理者所拥有的政治权利，为了调控资源的开发与使用而征收的，包括资源税和石油特别收益金；还有一类税费是同时具备维护国家所有权利益和调控资源的开发与使用功能，即矿业权占用费，其是基于国家对土地所有权的所有和提高矿业权使用效率的目的而征收。

（1）矿业权出让收益。矿业权出让收益为国家转让探矿权和采矿权的收益，是对国家出让矿业权的补偿，目的是维护国家的矿业权利益，该费用类似于国际上的“红利”。应当继续完善探矿权、采矿权的招标拍卖挂牌出让方式，确保矿业权出让收益充分体现探矿权、采矿权的经济利益。

（2）矿业权占用费。根据国务院发布的《矿产资源权益金制度改革方案》（国发〔2017〕29 号），将现行主要依据占地面积、单位面积按年定额征收的矿业权使用费，整合为根据矿产品价格变动情况和经济发展需要实行动态调整的矿业权占用费。从征收方式来看，原矿业权使用费实质上是“地面租金”。如果矿业权使用主体占用了地表土地，国家就有权利对其占用的土地征收租金。同时，为了提高矿业权使用效率，防范“跑马圈地”“圈而不探”“圈而不采”行为，有必要对矿业权占用行为征收一定的费用。由于这两种租费都是与矿业权占用行为直接相关，因此可以把它们的功能依托矿业权占用费来体现。通过这一收费，维护国家的地表土地使用权利益，同时对矿业权使用者不合理的占用行为进行约束。在收费标准的设计上，应综合考虑占地面积和矿产品的市场价格与稀缺程度。

（3）资源税。如前文所述，资源税的主要功能是纠正资源开发利用中产生的代际外部性，同时取得部分经济租金，使资源产品的成本和价格能够反映其代际外部成本和稀缺性，抑制当代人对资源的过度消耗，提高资源利用效率。同时，将所得税款用于可持续发展方面，以保障未来人们的资源消费。另外，资源税的征收还具有一些附属功能，如促进经济发展方式转变和产业结构优化，增强地方财政实力和弱化地区间财政能力差距，一定程度地抑制环境污染和调节行业收入差距。

（4）石油特别收益金。由于石油价格持续走高，石油行业相关企业凭借其垄断地位，实力日益壮大，利润不断积累，高工资、高福利和高管高薪问题突出。石油特别收益金的目的就是调节石油行业的高额利润，抑制行业收入差距。而资源税由于设计的局限，对企业的超额利润的调节作用有限，在调节石油行业超额利润方面，只能作为石油特别收益金的补充。

6.4 本章小结

本章提出了生态文明建设视角下我国资源税的改革思路，界定了资源税的主体功能和附属功能，分析了资源税的调节功能的实现机制，提出了资源税改革多方面的具体措施。

资源税的主体功能应当是纠正资源开发利用中产生的代际外部性，同时取得自然资源的稀缺租金，使资源产品的成本和价格能够反映其代际外部成本和稀缺性，抑制当代人对资源的过度消耗，提高资源利用效率。同时，应将所得税款主要用于促进资源领域的可持续发展方面，以保障未来人们的资源消费需求，最终实现经济社会的可持续发展。另外，资源税的征收还具有一些附属功能，如增强地方财政实力和均衡地区间财政能力，一定程度上降低与资源开发使用相关的环境污染，促进经济发展方式转变和产业结构优化，以及调节行业收入差距。资源税的调节功能是通过价格传导机制来实现的。对自然资源征收资源税，可以使资源的价值中包括资源的代际补偿价值，也就是代际外部成本，带来资源价格的提高，对资源开采企业和资源使用者产生影响，达到促进资源节约的目的。

资源税改革的具体措施是多方面的，就资源税本身而言包括：扩大资源税征税范围，将再生速度较慢或难度较大、较为稀缺且浪费严重、与生态环境联系密切且不宜大量开发的资源纳入征税范围；优化资源税的税率设计，适度提高资源税的税率水平，并细化税率设置，对于消耗速度较大且稀缺程度较高的资源实行较高的税率，对于消耗速度不高、储量较大或鼓励开发的资源实行低税率，对同一类别的资源根据其产品品质、开采条件、环境影响等设置差别税率；改进资源税的计征方式，对于消耗强度较大且市场化程度较高的资源产品，原则上都应实行从价计征，对于需求量比较稳定或市场化程度不高，且数量或范围便于统计的资源产品，实行从量计征；明确资源税收入的用途，所得的税款应当主要用于可持续发展方面，以保障未来人们的资源消费需求。

除了资源税本身的改革以外，还应当实施其他相关的配套措施：完善资源价格形成机制，应当加快我国资源价格形成机制的改革，建立健全市场作用为主、行政干预为辅的价格形成机制，充分发挥市场在资源价格形成中的基础作用，使资源价格充分反映资源的全部价值和供求关系；健全矿产资源税费体系，矿业权出让收益是为了维护国家的矿业权利益，矿业权占用费是为了维护国家的地表土地使用权利益，同时对矿业权使用者不合理的占用行为进行约束，资源税和石油特别收益金是为了调控资源的开发与利用。

第 7 章　资源税税率调整的经济效应

前文提出了推进我国资源税进一步改革的思路，在资源税本身的设计上，提高税率水平是其主要内容。毫无疑问，资源税改革的推进会带来相关行业税负的提高，给整个经济运行造成影响。为了确保我国经济的稳定运行，资源税改革的推进需要考虑其对经济的冲击，本章运用 CGE 模型方法定量分析资源税税率调整的经济效应，为资源税改革提供支持。

7.1　研究方法与模型选择

20 世纪 70 年代以来，经过不断完善和发展，可计算一般均衡（Computable General Equilibrium，CGE）在财税政策、国际贸易问题、发展政策、能源政策和环境政策等方面中得到了广泛的应用。由于 CGE 模型是建立在坚实的微观经济理论之上，具有清晰的微观经济结构和行为机制，能描述多部门、多市场之间的相互作用关系，因此具有其他模型无法比拟的优势。

CGE 模型的理论基础是一般均衡理论，该理论由法国经济学家瓦尔拉斯（Walras）首先提出，后经 Arrow and Debreu（1954）、Debreu（1959）等人的工作而不断延伸和完善。一般均衡理论寻求在经济中所有市场的框架内解释供给、需求和价格行为。它试图证明经济中存在如下状态：每个消费者提供所拥有的生产要素，并在各自的预算约束下购买商品，来达到自己的消费效用最大化；每个企业决定其产量和对生产要素的需求，来达到其利润的最大化；每个市场（产品市场和要素市场）都会达到总供给与总需求的相等（均衡）。当经济满足上述条件时，即处于一般均衡状态。在严格的假定条件之下，该理论证明稳定的一般均衡状态是存在的，而且能够满足经济效率的要求。一般均衡理论只是一种抽象的理论分析，不能直接应用于分析具体的经济问题，而 CGE 模型就是一种将一般均衡理论应用化的方法体系。通过对一般均衡理论做一些必要的假设和简化，经过计算求解，得出各个经济变量的具体数值，进而可以进行数值模拟和预测。

20 世纪 70 年代由于 CGE 模型算法的突破和计量经济模型在研究石油危机中的不足，CGE 模型有了重大的发展，在国际贸易、税收政策和经济发展等研究领域取得了广泛应用。在税收政策分析方面，Ballard et al.（1985）和 Shoven 和 Whalley（1992）构建的 CGE 税收模型有较大影响，除此之外有大量应用 CGE 模型研究税收政策的文献，如 Meng et al.（2013）运用 CGE 模型研究了澳大利亚碳税对环境和经济的影响，Sancho（2010）运用 CGE 模型研究了能源税的双重红利效应，Radulescua 和 Stimmelmayr（2010）运用 CGE 模型研究了德国公司税改革的冲击效果。从 20 世纪 90 年代中期开始，中国学者针对特定的问题展开了对 CGE 模型的开发与研究。在税收政策分析方面，中国社会科学院数量经济与技术经济研究所 PRCGEM 课题组（2002）利用 CGE 模型对我国税制改革的经济影响进行了分析；林伯强、何晓萍（2008）运用 CGE 模型定量分析了征收油气资源开采税对宏观经济的影响；林伯强等（2012）基于使用者成本计算了从价煤炭资源税理论税率，并通过动态 CGE 模型分析了从价煤炭资源税对宏观经济的影响；姚昕、刘希颖（2010）运用 CGE 模型测算了征收碳税对中国经济、能源与环境的影响；陈烨等（2010）运用 CGE 模型分析了增值税转型对就业的负面影响。

对税收政策分析而言，CGE 模型与定性分析和局部均衡分析相比具有明显的优势。定性分析通常只能考察税收政策变动可能产生的影响，而不能确定这种影响具体的大小与范围，由于税收政策变动将会影响整个经济，如果仅采用局部均衡方法分析税收问题难免存在局限。资源税的改革方向是提高资源税的税率，那么这一改革措施会对宏观经济造成何种影响，以及能否起到抑制资源消费的目的，对这些问题的回答都需要通过定量方法得出，而 CGE 模型提供了一个很好的研究框架。

虽然已有研究运用 CGE 模型对我国资源税的经济效应进行了多方面的分析，但这些研究仍存在一定的不足。一方面这些研究大都局限于煤炭资源税，仅有少量研究扩展至煤炭和油气资源，而实际上资源税也对非能源矿产广泛开征，这些非能源矿产同样属于稀缺资源，在经济生产中具有重要作用；另一方面，可能限于研究时点或研究重点等因素，这些研究大都基于 2014 年煤炭资源税改革前的情景设定，而 2014 年煤炭资源税改革和 2016 年全面推进资源税改革对资源税的计税方式和税率水平进行了根本性调整，其后资源税是否还存在税率调整空间仍然值得研究。基于如上考虑，本书基于 2016 年全面推进资源税改革后的经济数据，构建一个反映中国资源税收情景的多部门 CGE 模型，模拟分析各类矿产资源的资源税不同税率调整方案对中国经济增长和资源需求等多方面的经济效应，为下一步的资源税改革提出建议。

7.2 社会核算矩阵的编制与数据来源

编制社会核算矩阵（SAM 表）是进行 CGE 模型分析的基础。SAM 表为构建 CGE 模型提供了一个逻辑清晰、内容详细的经济数据集合，体现了某个经济体在特定时期系统内不同机构间的交易，不同行业的产出，以及相互之间的经济关系。

本书以中国 2017 年 149 个部门的投入产出表为基础，参考王其文、李善同（2008）提出的编制方法和技术细节，编制 2017 年中国资源—税收社会核算矩阵。结合本书的研究重点，在编制的过程中将投入产出表中的 149 个部门合并整理成农业、煤炭、石油天然气、金属矿产、其他矿产、轻工业、重工业、电力热力、燃气、水生产供应、建筑业和服务业 12 个部门。[①] 编制 2017 年中国资源—税收社会核算矩阵所需的数据来

① 轻工业指主要提供生活消费品和制作手工工具的工业部门，包括投入产出表中的食品和烟草、纺织品、纺织服装鞋帽皮革羽绒及其制品、木材加工品和家具、造纸印刷和文教体育用品；重工业指为国民经济各部门提供物质技术基础的主要生产资料的工业部门，包括投入产出表中的石油、炼焦产品和核燃料加工品，化学产品，非金属矿物制品，金属冶炼和压延加工品，金属制品等 14 类产品；服务业包括投入产出表中的批发和零售，交通运输、仓储和邮政，住宿和餐饮，信息传输、软件和信息技术服务，金融等 14 类服务。

自不同的文献，具体的来源和主要处理方法概括如下：

①商品的中间投入、要素投入和产出数据，消费需求、投资需求、政府需求数据，以及出口数额数据，均来自《2017 年中国投入产出表》；

②国内增值税、企业所得税、个人所得税、资源税数据来自《中国税务年鉴 2018》，生产税数据为《2017 年中国投入产出表》的生产税净额扣减增值税和资源税后的数值，这里的生产税指的是除增值税和资源税以外的生产税扣除政府对企业的补贴后的数值；

③进口关税总额、进口货物增值税数据来自《中国财政年鉴 2018》，本书将进口关税和进口货物增值税加总得到进口税数据，分行业进口税数据由进口税总额按《2017 年中国投入产出表》中各行业进口数额加权平均得出，社会核算矩阵中的进口数额为《2017 年中国投入产出表》中的进口数额扣减分行业进口税后的数值；

④资本收益数据、政府与国外部门间的转移支付数据来自《中国统计年鉴 2019》中的《2017 年资金流量表（非金融交易）》；政府对居民的转移支付数据来自《中国财政年鉴 2018》，由社会保障和就业支出中除去人力资源和社会保障管理事务、民政管理事务以外的项目加总得出。

7.3　CGE 模型的结构设置

为了研究资源税税率调整对宏观经济的影响，本书的模型为包括资源税和其他主要税种的多部门开放经济 CGE 模型。该模型包括商品与生产要素两类市场，三个国内经济主体，即企业、居民和政府，以及一个国外经济主体。商品市场分为农业、煤炭、石油天然气、金属矿产、其他矿产、轻工业、重工业、电力热力、燃气、水生产供应、建筑业和服务业 12 类商品市场，要素市场包括资本要素和劳动要素。除了重点研究的资源税外，本模型还包括增值税、所得税、进口税和生产税等主要税种，以及经济主体之间的转移支付。本模型的设置参考了张欣（2017）的做法，下面分类别对模型的结构设置进行说明。

7.3.1 生产行为

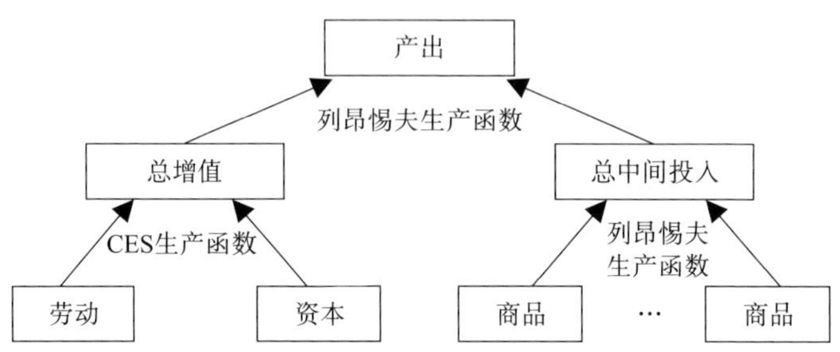

图 7-1 生产函数嵌套结构

经济中各产业部门的生产企业追求在现有技术上的利润最大化，使用生产要素和各种中间投入来生产商品。如图 7-1 所示，本书采用两层嵌套生产函数来描述企业的生产行为。这里设定一种生产活动只生产一种商品，因此生产活动和商品的产出集合相同，表示为集合 C，以下等式中所表示的商品变量均属于该集合。

在第一层生产函数，总增加值和总中间投入通过列昂惕夫（Leontief）生产函数形成商品供给。第一层商品生产的列昂惕夫生产函数表示为：

$$QINA_i = ia \cdot QA_i$$

$$QVA_i = iva \cdot QA_i$$

其中，QA_i表示商品 i 的产量，$QINTA_i$、QVA_i分别表示生产商品 i 所需的总中间投入和总增值，ia、iva 分别为它们在商品 i 的生产中所占的份额。

在第二层生产函数，一方面，资本与劳动投入通过恒替代弹性（CES）生产函数形成总增值；另一方面，考虑到我国当前资源投入需求的刚性，资源部门和其他中间投入一样，通过列昂惕夫生产函数构成总中间投入。第二层总增值的 CES 生产函数表示为：

$$QVA_i = \alpha_i \left[\delta_i LD_i^{\rho_i} + (1 - \delta_i) KD_i^{\rho_i} \right]^{1/\rho_i}$$

其中，LD_i和 KD_i分别表示生产总增值 QVA_i所需的劳动需求和资本需求，α_i 为该 CES 函数的全要素生产率参数，δ_i为 CES 生产函数中劳动要素回报份额参数，ρ_i为 CES 生产函数的幂参数，由劳动和资本间的替代弹性值决定。

成本最小化的一阶条件表示为：

$$\frac{WL}{WK}=\frac{\delta_i}{(1-\delta_i)}\left(\frac{KD_i}{LD_i}\right)^{1-\rho_i}$$

其中，WL 和 WK 分别为劳动要素价格和资本要素价格。

第二层总中间投入的列昂惕夫生产函数表示为：

$$QIN_{ci}=ica\cdot QINTA_i$$

其中，QIN_{ci}为生产商品 i 的总中间投入 $QINTA_i$所需的商品 c 的数量，ica 为商品 c 在总中间投入中所占的份额。

如上生产行为的价格关系由如下三个价格函数决定：

$$PA_i\cdot QA_i=(1+ret_i+prt_i)(PINTA_i\cdot QINA_i+WL\cdot LD_i+WK\cdot KD_i)+vat_i(WL\cdot LD_i+WK\cdot KD_i)$$

$$PVA_i\cdot QVA_i=(1+vat_i)\cdot(WL\cdot LD_i+WK\cdot KD_i)$$

$$PINTA\cdot QINA_i=\sum_{c=1}^{n}PC_c\cdot QIN_{ci}$$

其中，PA_i 表示商品 i 的生产价格，$PINTA_i$、PVA_i分别表示总中间投入和总增值的价格，PC_c表示商品 c 的国内市场销售价格，ret_i、prt_i、vat_i分别表示商品 i 的资源税税率、生产税税率和增值税税率。

7.3.2　居民行为

居民追求收入约束下的消费效用最大化。本书选择柯布—道格拉斯(Cobb - Douglas) 效用函数作为代表性居民的效用函数，其形式如下：

$$U(QH_1,\cdots,QH_n)=\prod_{i=1}^{n}QH_i^{\mu_i}$$

其中，QH_i表示居民对商品 i 的消费需求量，μ_i为居民支出中商品 i 所占的份额。

居民向要素市场供给劳动和资本要素，获得要素回报，同时还获得政府、企业对其的转移支付。这里的企业对居民的转移支付是指企业在生产要素成本以外对员工给予的各种福利性支付。居民收入为：

$$YH=WL\cdot LS+shrhk\cdot WK\cdot KS+trshg+trshe$$

其中，YH 表示居民收入，LS 表示劳动要素供给，KS 表示资本要素供给，shrhk 表示资本要素总回报中居民拥有的份额。trshg 和 trshe 分别表示政府和企业对居民的转移支付。

居民缴纳个人所得税后形成可支配收入，用于消费和储蓄。在收入约束下，居民最大化效用得到消费函数：

$$PC_i \cdot QH_i = \mu_i (1 - iht) \cdot mpc \cdot YH$$

其中，PC_i为商品 i 的国内市场销售价格，mpc 为边际消费倾向，iht 为个人所得税税率。

7.3.3 企业行为

在 CGE 模型中，假定企业的经济利润为零，所以不能从生产中获得利润收入，但是企业凭借拥有的资本可以获得资本收入。企业要向政府缴纳税款，也向居民进行转移支付，剩下的部分为企业储蓄。企业的收入和储蓄可表示为：

$$YE = shrek \cdot WK \cdot KS$$

$$SE = (1 - iet) \cdot YE - trshe$$

其中，YE 为企业收入，SE 为企业储蓄，shrek 为资本要素总回报中企业获得的份额，iet 为企业所得税税率。

7.3.4 政府行为

政府向居民和企业征税，然后购买相关商品用于提供公共物品和服务，并且对居民进行转移支付。

这里政府的收入只来自个人所得税、企业所得税、增值税、资源税、生产税和关税，政府收入方程表示为：

$$YG = iht \cdot YH + iet \cdot YE + \sum_{i=1}^{n} vat_i \cdot (WL \cdot LD_i + WK \cdot KD_i) + (ret_i + prt_i) \cdot (PINA_i \cdot QINA_i + WL \cdot LD_i + WK \cdot KD_i) + \sum_{i=1}^{n} tat_i \cdot pwm_i \cdot QM_i \cdot exr$$

其中，YG 为政府收入，tat_i和 pwm_i分别为商品 i 的关税税率和进口商品 i 的国际价格，exr 为汇率，这里采用固定汇率制，所以其为固定数值。

政府支出由政府购买和对居民和国外部门的转移支付构成，政府支出方程表示为：

$$EG = \sum_{i=1}^{n} PC_i \cdot QG_i + trshg + trsrg$$

政府收入和支出的差额为政府储蓄：

$$SG = YG - EG$$

其中，EG 为政府支出，QG_i为政府购买商品 i 的数量，trshg 和 trsrg 为政府对居民和国外部门的转移支付，SG 为政府储蓄。

7.3.5　商品流通关系

开放经济条件下，需要设定模型中的商品流通关系，以描述经济中的进出口行为，具体的商品流通关系如图 7－2 所示。这里采用小国假设，即进口和出口商品的国际价格都是外生给定的。

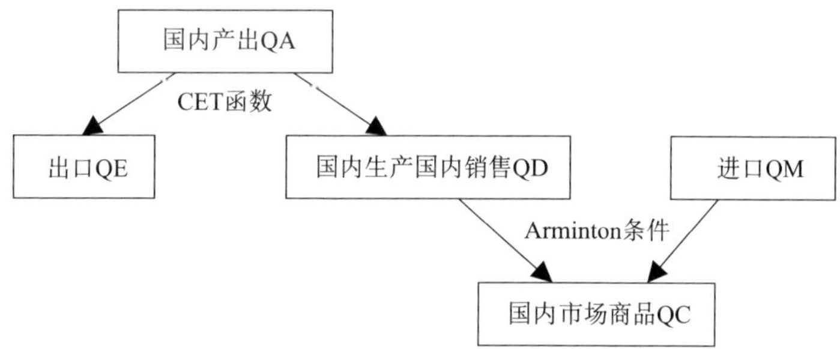

图 7－2　开放经济条件下的商品流通结构

（1）国内生产商品流向的设定。国内生产的产品分别用于国内销售和出口，假定用于出口的产品和用于国内销售的产品具有不完全替代性，国内总产出在出口和国内销售之间的分配关系由 CET（Constant Elasticity of Transformation）函数表示：

$$QA_i = \beta_i [\theta_i QD_i^{\upsilon_i} + (1 - \theta_i) QE_i^{\upsilon_i}]^{1/\upsilon_i}$$

其中，QD_i表示国内生产的商品 i 用于国内销售的数量，QE_i表示国内生产的商品 i 用于出口的数量，β_i、θ_i、υ_i为 CET 函数中相应的参数。

优化一阶条件表示为：

$$\frac{PD_i}{PE_i}=\frac{\theta_i}{(1-\theta_i)}(\frac{QE_i}{QD_i})^{1-v_i}$$

其中，PD_i和PE_i分别表示国内生产的商品 i 用于国内销售和出口的价格。它们的价格关系由如下价格函数决定：

$$PA_i \cdot QA_i = PD_i \cdot QD_i + PE_i \cdot QE_i$$

出口价格受国际市场价格和汇率的影响，其表示为：

$$PE_i = pwe_i \cdot exr$$

其中，pwe_i为出口商品 i 的国际价格。如果某种产品不出口，则国内生产的产品全部用于国内销售，数量关系和价格关系分别表示为：

$$QA_i = QD_i \qquad PA_i = PD_i$$

（2）国内市场商品的设定。国内市场销售的商品由国内生产的商品和进口的商品组成，假定进口商品和国内生产的商品具有不完全替代性，其替代关系由阿明顿（Armington）条件表示：

$$QC_i = \gamma_i [\lambda_i QD_i^{\kappa_i} + (1-\lambda_i) QM_i^{\kappa_i}]^{1/\kappa_i}$$

其中，QC_i表示商品 i 的国内销售总量，QM_i表示商品 i 的进口数量，γ_i、λ_i、κ_i为阿明顿函数中相应的参数。优化一阶条件表示为：

$$\frac{PD_i}{PM_i}=\frac{\lambda_i}{(1-\lambda_i)}(\frac{QM_i}{QD_i})^{1-\kappa_i}$$

其中，PM_i表示商品 i 的进口价格。它们的价格关系由如下价格函数决定：

$$PC_i \cdot QC_i = PD_i \cdot QD_i + PM_i \cdot QM_i$$

进口价格受国际市场价格、汇率和关税的影响，其表示为：

$$PM_i = pwm_i(1+tat_i)exr$$

如果某种商品没有进口，则国内销售的商品全部来自国内生产，数量关系和价格关系分别表示为：

$$QC_i = QD_i \qquad PC_i = PD_i$$

7.3.6 市场均衡和宏观闭合

假定商品市场为完全竞争市场，在均衡条件下，商品市场达到均衡状态，函数关系表示为：

$$QC_i = \sum_{c=1}^{n} QIN_{ic} + QH_i + QG_i + QIV_i$$

QIN_{ic}为生产商品 c 所需的中间投入商品 i 的数量，QIV_i为投资所需商品 i 的数量。

另外，CGE 模型还要根据研究的问题，设定要素市场的宏观闭合。结合中国当前的经济现状，本书选择凯恩斯宏观闭合设定。凯恩斯宏观闭合的特点是要素价格具有黏性，劳动和资本都非充分就业，要素供给决定于要素需求，由模型内生决定。该设定比较符合当前我国劳动供给和产能过剩的经济现状。劳动市场和资本市场均衡状态表示为：

$$\sum_{i=1}^{n} LD_i = LS \qquad \sum_{i=1}^{n} KD_i = KS$$

同时，设定要素价格为外生变量，表示为：

$$WL = \overline{WL} \qquad WK = \overline{WK}$$

由于政府可以通过财税政策来调整内需，允许财政赤字，而且企业也可以自主地决定投资数量，所以设定政府购买和投资为外生变量，表示为：

$$QG_i = \overline{QG_i} \qquad QIV_i = \overline{QIV_i}$$

7.4　参数校准和情景设定

7.4.1　参数校准

CGE 模型在具体运算过程中，还需要获得模型中的各种参数。本书使用的 CES 生产函数的替代弹性参数参考赵永、王劲峰（2008）的研究成果设定，进口弹性和出口弹性参数参考 Zhai & Hertel（2005）的做法设定，其他参数基于前文编制的 2017 年中国资源—税收社会核算矩阵，按照标准做法计算校准，具体技术细节参见张欣（2017）。①

① 本书使用的进口弹性和出口弹性参数由 Zhai & Hertel（2005）中的相关部门参数取平均值得出。

7.4.2 基准情景设定

为了考察资源税税率调整对宏观经济的影响，需要设定基准情景，描述宏观经济和各项税收的现状。由于本书是基于2017年中国资源—税收社会核算矩阵数据，所以宏观经济的基准情景为2017年的经济运行情况。资源税、增值税、所得税、关税和生产税税率依据2017年中国资源—税收社会核算矩阵计算出的实际税率设定。

7.4.3 资源税税率调整情景设定

当前，从价征收已成为我国资源税的主要征收方式。《中华人民共和国资源税法》中规定的原油和天然气资源税税率为6%，煤炭资源税税率为2%—10%，具体适用税率各省份不尽相同，其他矿产资源税大部分采用从价征收，具体适用税率各省份也存在差别。需要说明的是，CGE模型中设定的税率是实际税率，与税收法规规定的名义税率不同。资源税在实际征收中存在税收减征、税收优惠，以及受到征纳能力的影响，一般情况下实际税率要低于名义税率。考虑到政策稳妥推进的原则，本书设计了资源税税率选择的9个方案如表7-1所示。

表7-1 资源税税率调整方案的税率设定 单位:%

类别	基准	方案1.1	方案1.2	方案1.3	方案2.1	方案2.2	方案2.3	方案3.1	方案3.2	方案3.3
煤炭	3.5	5	8	10	3.5	3.5	3.5	5	8	10
石油和天然气	3.2	3.2	3.2	3.2	5	8	10	5	8	10
金属矿产	1.5	1.5	1.5	1.5	1.5	1.5	1.5	5	8	10
其他矿产	2.8	2.8	2.8	2.8	2.8	2.8	2.8	5	8	10

资料来源：基准税率根据本章前文所述基准情景设定，各方案税率根据本章前文所述资源税税率调整情景设定。

方案1.1—1.3仅提高煤炭资源的税率，其他资源税率不变，煤炭资源的税率分别为5%、8%、10%；方案2.1—2.3仅提高石油和天然气资源的税率，其他资源税率不变，石油和天然气资源的税率分别为5%、

8%、10%；方案3.1—3.3同时提高各种资源的税率分别至5%、8%、10%。

7.5 模型求解结果与分析

基于2017年中国社会核算矩阵数据和CGE模型的相关设定，本书运用GAMS软件对模型进行求解。该软件是由世界银行在20世纪80年代推出，可以用来求解大型经济数学模型，是CGE模型求解中较为流行的软件之一。基于模型求解的结果，下面分析资源税税率调整的不同方案对我国宏观经济的整体运行、资源价格与资源需求、行业产出和产业结构以及各行业就业的影响。

7.5.1 对宏观经济的整体影响

本书选取实际GDP、GDP平减指数、宏观税负、就业（劳动需求）、资本需求、出口数额和进口数额作为衡量宏观经济运行的指标，不同资源税税率调整方案情景下的各指标相对于基准情景的变化率见表7-2。可以看到，资源税税率调整提高了宏观税负水平，对宏观经济具有一定的消极影响，实际GDP、就业、资本需求、出口数额随资源税税率的增加而减少，而进口数额则有一定程度的增加。其中，实际GDP最小损失为方案2.1（仅提高石油和天然气资源税税率至5%）的0.13%，最大损失为方案3.3（同时提高各种资源的资源税税率至10%）的2.24%，就业最小损失为方案2.1的0.11%，最大损失为方案3.3的2.00%。资源税税率的提高推动了宏观税负和整体价格水平的上升，GDP平减指数随资源税税率不断提高，宏观税负变动幅度由0.09%增至1.60%，GDP平减指数变动幅度由0增至0.49%。除方案3.2和方案3.3以外的各方案中，对宏观税负的影响在1%以内，实际GDP和就业的变动均不超过0.8%。方案3.2和方案3.3的各项指标变动较大，对宏观税负的影响超过了1.1%，对实际GDP和就业的影响均超过了1.4%。

如上变动反映出，资源税税率的提高使得各行业产品的价格提高，消费者基于效用最大化的考虑，减少商品需求，进而社会总需求减少，导致行业产出下降，要素需求和要素收入也随之减少，这进一步抑制社会总需求。由于进口和国内生产之间存在替代效应，随着国内产品价格的提高，进口有一定程度的增加，如表 7 - 2 所示，进口增加幅度介于 0.05% 至 1.87% 之间。而对出口的负向冲击是源于资源税税率的提高，增加了出口商品的生产成本，进而推高了它们的出口价格，使其国际竞争力受到损害，如表 7 - 2 所示，出口降低幅度介于 0.47% 至 5.43% 之间。

表 7 - 2　　宏观经济各项指标变动情况　　单位:%

方案	实际 GDP	GDP 平减指数	宏观税负	就业	资本需求	出口	进口
方案 1.1	-0.17	0.10	0.11	-0.16	-0.17	-0.47	0.05
方案 1.2	-0.52	0.10	0.51	-0.49	-0.53	-1.41	0.17
方案 1.3	-0.75	0.20	0.68	-0.70	-0.76	-2.02	0.25
方案 2.1	-0.13	0.00	0.09	-0.11	-0.14	-0.29	0.17
方案 2.2	-0.35	0.10	0.13	-0.29	-0.36	-0.75	0.44
方案 2.3	-0.49	0.10	0.22	-0.40	-0.50	-1.05	0.63
方案 3.1	-0.71	0.20	0.44	-0.64	-0.72	-1.72	0.60
方案 3.2	-1.64	0.39	1.13	-1.47	-1.67	-4.00	1.36
方案 3.3	-2.24	0.49	1.60	-2.00	-2.27	-5.43	1.87

资料来源：根据本章前文所述 CGE 模型计算得出。

7.5.2　对资源价格与资源需求的影响

资源税税率变动对经济的影响是通过价格机制传导的，表 7 - 3 反映出不同资源税税率调整下各类资源的价格变动情况。可以看到，资源税税率的提高导致资源价格的普遍上升。随着资源税税率的提高和调整范围的扩大，对资源价格的影响逐步增强。资源税税率变动和相关资源的价格变动的联动关系比较明显，方案 1.1—1.3 仅提高煤炭的税率，煤炭的价格变动显著，在三种税率下增幅分别为 1.4%、4.4%、6.4%，其他资源价格变动相对不大，增幅在 0.3% 以内；方案 2.1—2.3 仅提高石油天然气的税率，石油天然气的价格有一定变动，在三种税率下增幅分别为0.6%、1.7%、2.4%，其他资源价格几乎没有变动，最大的增幅仅为0.1%；方案3.1—3.3同时提高煤炭、石油天然气、金属矿产和其他矿产的税率，资源价格都变动明显，在三种税率下煤炭价格增幅分别为1.5%、4.5%、6.5%，石油天然气价格增幅分别为0.8%、2.2%、3.0%，金属矿产价格增幅分别为1.8%、3.3%、4.3%，其他矿产价格增幅分别为2.1%、4.9%、6.8%，同等税率设定下价格增幅最高为其他矿产，最低为石油天然气。

表 7-3　　资源价格变动情况　　单位:%

类　别	方案 1.1	方案 1.2	方案 1.3	方案 2.1	方案 2.2	方案 2.3	方案 3.1	方案 3.2	方案 3.3
煤炭	1.40	4.40	6.40	0.00	0.00	0.00	1.50	4.50	6.50
石油天然气	0.00	0.10	0.10	0.60	1.70	2.40	0.80	2.20	3.00
金属矿产	0.00	0.10	0.20	0.00	0.00	0.00	1.80	3.30	4.30
其他矿产	0.10	0.20	0.30	0.00	0.00	0.10	2.10	4.90	6.80

资料来源：根据本章前文所述CGE模型计算得出。

通过价格传导机制，资源税税率调整对资源需求产生了抑制作用，各类资源需求的变动情况如表7-4所示。资源的市场总需求由两部分构成，一是国内生产的资源，二是进口的国外资源。可以看到，无论是对资源的市场总需求，还是国内生产资源的需求，都随着资源税税率的提高而降低，但不同资源的需求降低幅度有所不同。从市场总需求来看，矿产需求总量下降幅度在0.22%至3.69%之间；方案1.1—1.3中煤炭需求的降低幅度最大，最高为1.43%，其他矿产需求的降低幅度最小，最低为0.23%；方案2.1—2.3中，其他矿产需求的降低幅度最大，最高为2.10%，其他各类资源需求的降低的幅度较小，均在0.7%以下；方案3.1—3.3中，其他矿产需求的降低幅度最大，最高为4.66%，石油天然气需求的降低的幅度最小，最低为1.01%。从国内生产的资源来看，矿产需求总量下降幅度在0.48%至9.78%之间；方案1.1—1.3中煤炭需求的降低幅度最大，最高为3.14%，其他矿产需求的降低幅度最小，最低为0.24%；方案2.1—2.3中，石油天然气需求的降低幅度最大，最高为 9. 77 %，煤炭需求的降低的幅度最小，最低为 0. 17%；方案 3. 1—3. 3 中，金属矿产需求的降低幅度最大，最高为 16. 27%，煤炭需求的降低幅度最小，最低为 1. 48 %。

表 7 – 4　　资源需求变动情况　　单位：%

类别		方案 1. 1	方案 1. 2	方案 1. 3	方案 2. 1	方案 2. 2	方案 2. 3	方案 3. 1	方案 3. 2	方案 3. 3
总需求	煤炭	-0. 33	-0. 99	-1. 43	-0. 16	-0. 43	-0. 60	-1. 09	-2. 56	-3. 49
	石油天然气	-0. 25	-0. 76	-1. 10	-0. 18	-0. 48	-0. 67	-1. 01	-2. 33	-3. 17
	金属矿产	-0. 27	-0. 81	-1. 17	-0. 17	-0. 45	-0. 63	-1. 38	-3. 02	-4. 05
	其他矿产	-0. 23	-0. 68	-0. 98	-0. 57	-1. 50	-2. 10	-1. 43	-3. 41	-4. 66
	矿产总量	-0. 28	-0. 84	-1. 20	-0. 22	-0. 58	-0. 82	-1. 19	-2. 72	-3. 69
国内生产	煤炭	-0. 71	-2. 16	-3. 14	-0. 17	-0. 44	-0. 61	-1. 48	-3. 75	-5. 22
	石油天然气	-0. 32	-0. 96	-1. 38	-2. 65	-6. 99	-9. 77	-4. 25	-10. 53	-14. 50
	金属矿产	-0. 38	-1. 15	-1. 66	-0. 20	-0. 52	-0. 73	-6. 56	-12. 51	-16. 27
	其他矿产	-0. 24	-0. 74	-1. 06	-0. 58	-1. 52	-2. 12	-1. 99	-4. 76	-6. 52
	矿产总量	-0. 48	-1. 45	-2. 11	-0. 77	-2. 03	-2. 84	-3. 25	-7. 24	-9. 78

资料来源：根据本章前文所述 CGE 模型计算得出。

同时可以看到，各类资源的国内生产需求减少幅度大于市场总需求减少的幅度。这是因为，国内资源价格提高，而国际资源价格不变，国际资源相对于国内资源变得便宜，在相同条件下，资源需求者趋向于购买进口资源，这促进了进口资源对国内资源的替代。

7. 5. 3　对行业产出与产业结构的影响

资源税税率的提高引起资源价格的上涨，带动下游产业产品价格的提高，特别是中间投入中资源产品所占比重较大的行业，价格的提高抑制了需求，行业产出随之减少。由表 7 – 5 可知，资源税税率调整通过价格作用冲击了各个行业的产出，随着资源税税率的增加，各行业产出的降低幅度越来越大。从总产出来看，方案 1. 1—1. 3 下降幅度在 0. 18% 至 0. 79% 之间，方案 2. 1—2. 3 下降幅度在 0. 13% 至 0. 47% 之间，方案 3. 1—3. 3 下降幅度在 0. 74% 至 2. 30% 之间。

表 7－5　　各行业产出变动情况　　单位:%

类　别	方案1.1	方案1.2	方案1.3	方案2.1	方案2.2	方案2.3	方案3.1	方案3.2	方案3.3
农业	－0.18	－0.56	－0.82	－0.11	－0.29	－0.41	－0.67	－1.58	－2.15
煤炭	－0.73	－2.22	－3.22	－0.17	－0.44	－0.61	－1.51	－3.80	－5.29
石油天然气	－0.32	－0.97	－1.40	－2.75	－7.21	－10.06	－4.36	－10.80	－14.83
金属矿产	－0.39	－1.16	－1.67	－0.20	－0.52	－0.73	－6.64	－12.65	－16.42
其他矿产	－0.25	－0.75	－1.09	－0.58	－1.52	－2.12	－2.15	－5.10	－6.97
轻工业	－0.21	－0.63	－0.91	－0.12	－0.31	－0.44	－0.74	－1.72	－2.35
重工业	－0.26	－0.79	－1.14	－0.17	－0.45	－0.62	－1.03	－2.36	－3.21
电力热力	－0.25	－0.74	－1.07	－0.16	－0.42	－0.58	－1.01	－2.30	－3.11
燃气	－0.18	－0.54	－0.78	－0.23	－0.59	－0.83	－0.79	－1.88	－2.57
水生产供应	－0.18	－0.54	－0.78	－0.12	－0.30	－0.42	－0.66	－1.54	－2.10
建筑业	0.00	－0.01	－0.01	0.00	－0.01	－0.01	－0.01	－0.03	－0.04
服务业	－0.12	－0.38	－0.54	－0.08	－0.22	－0.30	－0.49	－1.12	－1.52
总产出	－0.18	－0.55	－0.79	－0.13	－0.34	－0.47	－0.74	－1.69	－2.30

资料来源：根据本章前文所述 CGE 模型计算得出。

从不同行业来看，方案 1.1—1.3 情况下，煤炭产出受到的影响最大，在三种税率下产出分别降低了 0.73%、2.22%、3.22%，对建筑业影响最小，其产出最大降低幅度仅为 0.01%。方案 2.1—2.3 情况下，石油天然气产出受到的影响最大，在三种税率下产出分别降低了 2.75%、7.21%、10.06%，对建筑业影响最小，其产出最大降低幅度仍然仅为 0.01%。方案 3.1—3.3 情况下，金属矿产产出受到的影响最大，在三种税率下产出分别降低了 6.64%、12.65%、16.42%，石油天然气产出受到的影响次之，在三种税率下产出分别降低了 4.36%、10.80%、14.83%，对建筑业影响最小，其产出降低幅度在 0.04% 以内。从非矿产开采的各行业来看，资源税税率调整对资源消耗大的行业影响较大，如重工业、电力热力、燃气，但是对建筑业和服务业的影响比较小。由此可见，资源税税率的提高在一定程度上有利于促进产业结构的调整和优化。

表 7-6　　不同情景下产业结构情况　　单位：%

类　别	基准	方案 1.3	方案 2.3	方案 3.3
农业	4.88	4.88	4.88	4.88
采矿业	2.40	2.37	2.34	2.21
工业	44.69	44.56	44.64	44.37
水电热气供应业	2.81	2.81	2.81	2.79
建筑业	10.13	10.21	10.18	10.37
服务业	35.09	35.18	35.15	35.37

资料来源：根据本章前文所述 CGE 模型计算得出。

为了进一步说明资源税税率调整对产业结构的影响，下面将上述 12 个行业重新划分，将煤炭、石油天然气、金属矿产、其他矿产合并成为采矿业，将重工业、轻工业合并成为工业，将电力热力、燃气、水生产供应合并至水电热气供应业，经计算得到如表 7-6 所示的在不同情景下产业结构的情况。可以看到，随着资源税税率调整方案的实施，各方案的产业结构较基期有所改变。方案 1.3 中采矿业和工业在社会总产值中所占的比重均小于基期水平，分别下降了 0.03 个和 0.13 个百分点，建筑业和服务业在社会总产值中所占的比重增加，分别提高了 0.08 个和 0.09 个百分点；方案 2.3 中采矿业和工业在社会总产值中所占的比重均小于基期水平，分别下降了 0.06 个和 0.05 个百分点，建筑业和服务业在社会总产值中所占的比重增加，分别提高了 0.05 个和 0.06 个百分点；方案 3.3 中采矿业、工业和水电热气供应业在社会总产值中所占的比重均小于基期水平，分别下降了 0.19 个、0.32 个、0.02 个百分点，建筑业和服务业在社会总产值中所占的比重增加，分别提高了 0.24 个和 0.28 个百分点。可见，资源税税率调整能够在一定程度上促进产业结构的调整和优化，符合当前我国产业政策的导向。

7.5.4　对各行业就业的影响

资源税税率调整对行业产出带来冲击的同时，也对各行业的就业

(劳动需求) 造成了一定程度的负面影响。由表 7-7 可知，随着资源税税率调整的推进，各行业就业的降低幅度逐步扩大。从就业总量看，方案 3.1—3.3 下降比较明显，变动区间分别为 0.64%、1.47%、2.00%；方案 1.1—1.3 和方案 2.1—2.3 下降幅度相对较小，方案 1.1—1.3 分别下降了 0.16%、0.49%、0.70%，方案 2.1—2.3 分别下降了 0.11%、0.29%、0.40%。

表 7-7　各行业就业变动情况　单位：%

类别	方案 1.1	方案 1.2	方案 1.3	方案 2.1	方案 2.2	方案 2.3	方案 3.1	方案 3.2	方案 3.3
农业	-0.19	-0.57	-0.82	-0.11	-0.29	-0.41	-0.68	-1.58	-2.15
煤炭	-0.73	-2.22	-3.22	-0.17	-0.44	-0.61	-1.51	-3.80	-5.29
石油天然气	-0.32	-0.97	-1.40	-2.75	-7.21	-10.06	-4.36	-10.80	-14.83
金属矿产	-0.39	-1.16	-1.67	-0.20	-0.52	-0.73	-6.64	-12.65	-16.42
其他矿产	-0.25	-0.75	-1.09	-0.58	-1.52	-2.12	-2.15	-5.10	-6.97
轻工业	-0.21	-0.64	-0.92	-0.12	-0.32	-0.44	-0.74	-1.73	-2.35
重工业	-0.26	-0.79	-1.14	-0.17	-0.45	-0.62	-1.03	-2.36	-3.21
电力热力	-0.25	-0.74	-1.07	-0.16	-0.42	-0.58	-1.01	-2.30	-3.11
燃气	-0.18	-0.54	-0.78	-0.23	-0.60	-0.83	-0.79	-1.88	-2.57
水生产供应	-0.18	-0.54	-0.78	-0.12	-0.30	-0.42	-0.66	-1.54	-2.10
建筑业	0.00	-0.01	-0.01	0.00	0.00	-0.01	-0.01	-0.03	-0.04
服务业	-0.12	-0.37	-0.54	-0.08	-0.21	-0.30	-0.48	-1.12	-1.52
就业总量	-0.16	-0.49	-0.70	-0.11	-0.29	-0.40	-0.64	-1.47	-2.00

资料来源：根据本章前文所述 CGE 模型计算得出。

在相同的税率调整方案中，除资源生产行业外，资源消耗较大行业的就业变动相对较大。方案 1.1—1.3 只提高煤炭税率的情况下，煤炭就业受到的影响最大，在三种税率下就业分别降低了 0.73%、2.22%、3.22%，对建筑业影响最小，其就业最大降低幅度仅为 0.01%。方案

2.1—2.3只提高石油天然气税率的情况下，石油天然气就业受到的影响最大，在三种税率下就业分别降低了2.75%、7.21%、10.06%，对建筑业影响最小，其就业最大降低幅度仍然仅为0.01%。方案3.1—3.3同时提高了煤炭、石油天然气、金属矿产和其他矿产的税率的情况下，金属矿产就业受到的影响最大，在三种税率下就业分别降低了6.64%、12.65%、16.42%，石油天然气就业受到的影响次之，在三种税率下就业分别降低了4.36%、10.80%、14.83%，对建筑业影响最小，其就业降低幅度在0.04%以内。可以看出，资源税税率调整对行业就业的影响和对行业产出的影响几乎完全一致，这和本书的模型设定有关。劳动和资本合成的总增值按固定比例形成总产出，在劳动和资本相对价格不变的条件下，劳动投入的比例不变，因此行业劳动需求（就业）的变动与产出的变动基本一致。另外，由于模型不同变量精确度的差异，导致就业和产出的部分指标存在不一致的情况。

7.5.5 对各行业进出口的影响

资源税税率调整对进口和出口的影响源于价格的传导作用。对进口而言，随着资源产品和下游产业产品价格的上涨，会产生两个方面的效应，可称为收入效应和替代效应。进口的收入效应是指随着产品价格的上涨，购买方的实际收入是减少的，进而对相关产品的进口需求减少。进口的替代效应是指由于进口和国内生产之间存在替代关系，随着国内产品价格的提高，进口产品的相对价格降低，导致进口产品对国内产品的替代，进而对相关产品的进口需求增加。对进口产品而言，收入效应和替代效应的大小决定了实际进口数额变动的方向，如果前者的效应较大则进口减少，如果后者的效应大则进口增加。由表7-8可知，资源税税率调整通过收入效应和替代效应影响了各个行业的进口。从总进口来看，其数额有所增加，方案1.1—1.3增加幅度在0.05%至0.25%之间，方案2.1—2.3增加幅度在0.17%至0.63%之间，方案3.1—3.3增加幅度在0.60%至1.87%之间。

表 7-8　各行业进口变动情况　单位:%

类别	方案 1.1	方案 1.2	方案 1.3	方案 2.1	方案 2.2	方案 2.3	方案 3.1	方案 3.2	方案 3.3
农业	-0.13	-0.40	-0.58	-0.09	-0.23	-0.33	-0.52	-1.21	-1.64
煤炭	5.13	16.09	23.83	-0.13	-0.34	-0.47	4.52	14.72	21.91
石油天然气	-0.19	-0.57	-0.82	2.20	5.85	8.25	2.12	5.70	8.02
金属矿产	-0.13	-0.39	-0.56	-0.14	-0.36	-0.50	5.24	9.31	11.95
其他矿产	0.01	0.04	0.07	-0.51	-1.33	-1.86	6.37	15.48	21.82
轻工业	-0.07	-0.21	-0.30	-0.07	-0.19	-0.26	-0.38	-0.84	-1.13
重工业	0.08	0.25	0.36	0.04	0.10	0.14	0.25	0.62	0.87
电力热力	0.61	1.86	2.70	-0.10	-0.25	-0.35	0.03	0.68	1.14
建筑业	0.08	0.26	0.37	0.04	0.12	0.16	0.31	0.75	1.03
服务业	-0.09	-0.26	-0.38	-0.06	-0.17	-0.23	-0.37	-0.85	-1.15
总进口	0.05	0.17	0.25	0.17	0.44	0.63	0.60	1.36	1.87

注：根据《2017 年中国投入产出表》，燃气行业和水生产供应行业没有进口数额。

资料来源：根据本章前文所述 CGE 模型计算得出。

从不同行业来看，进口数额有增有减。方案 1.1—1.3 情况下，煤炭进口受到的影响最大，在三种税率下进口分别增加了 5.13%、16.09%、23.83%；方案 2.1—2.3 情况下，石油天然气进口受到的影响最大，在三种税率下进口分别增加了 2.20%、5.85%、8.25%；方案 3.1—3.3 情况下，煤炭和其他矿产进口受到的影响较大，在三种税率下煤炭进口分别增加了 4.52%、14.72%、21.91%，其他矿产进口分别增加了 6.37%、15.48%、21.82%。同时，资源税税率调整对资源行业和资源消耗比较大的行业进口影响较大。

对出口而言，随着资源产品和下游产业产品价格的上涨，也产生收入效应和替代效应。出口的收入效应是指随着产品价格的上涨，购买方的实际收入是减少的，进而对相关产品的出口需求减少。出口的替代效应是指由于出口和国内生产之间存在替代关系，随着国内产品价格的提高，国内生产方为了获得更多的收益，更倾向于在国内销售，导致国内产品对出口的替代，进而对相关产品的出口需求减少。同时由于各行业产出的下降，导致出口的进一步减少。所以，资源产品和下游产业产品价格的上涨会带来相关出口产品的减少。由表 7－9 可知，从总出口来看，其数额减少明显，方案 1. 1—1. 3 减少幅度在 0. 47% 至 2. 02% 之间，方案 2. 1—2. 3 减少幅度在 0. 29% 至 1. 05% 之间方案 3. 1—3. 3 减少幅度在 1. 72% 至 5. 43% 之间。

表 7－9　　各行业出口变动情况　　单位:%

类　别	方案 1. 1	方案 1. 2	方案 1. 3	方案 2. 1	方案 2. 2	方案 2. 3	方案 3. 1	方案 3. 2	方案 3. 3
农业	－0. 25	－0. 75	－1. 09	－0. 14	－0. 36	－0. 51	－0. 85	－2. 01	－2. 74
煤炭	－7. 43	－20. 69	－28. 36	－0. 22	－0. 56	－0. 78	－8. 38	－22. 40	－30. 41
石油天然气	－0. 48	－1. 44	－2. 07	－8. 30	－20. 64	－27. 85	－11. 52	－27. 09	－35. 82
金属矿产	－0. 70	－2. 09	－3. 00	－0. 27	－0. 72	－1. 00	－19. 24	－33. 43	－41. 37
其他矿产	－0. 56	－1. 69	－2. 43	－0. 67	－1. 74	－2. 43	－11. 36	－24. 81	－32. 46
轻工业	－0. 38	－1. 15	－1. 66	－0. 18	－0. 47	－0. 66	－1. 17	－2. 78	－3. 81
重工业	－0. 59	－1. 76	－2. 53	－0. 36	－0. 96	－1. 33	－2. 21	－5. 09	－6. 91
电力热力	－1. 42	－4. 22	－6. 04	－0. 24	－0. 64	－0. 89	－2. 42	－6. 26	－8. 68
建筑业	－0. 18	－0. 54	－0. 78	－0. 09	－0. 25	－0. 35	－0. 66	－1. 57	－2. 15
服务业	－0. 17	－0. 53	－0. 76	－0. 11	－0. 28	－0. 39	－0. 63	－1. 48	－2. 02
总出口	－0. 47	－1. 41	－2. 02	－0. 29	－0. 75	－1. 05	－1. 72	－4. 00	－5. 43

注：根据《2017 年中国投入产出表》，燃气行业和水生产供应行业没有出口数额。

资料来源：根据本章前文所述 CGE 模型计算得出。

从不同行业来看，方案 1. 1—1. 3 情况下，煤炭出口受到的影响最大，在三种税率下出口分别降低了 7. 43%、20. 69%、28. 36%，对服务业影响最小，其出口最大降低幅度仅为 0. 76%。方案 2. 1—2. 3 情况下，石油天然气出口受到的影响最大，在三种税率下出口分别降低了 8. 30%、20. 64%、27. 85%，对建筑业影响最小，其出口最大降低幅度为 0. 35%。方案 3. 1—3. 3 情况下，金属矿产出口受到的影响最大，在三种税率下出口分别降低了 19. 24%、33. 43%、41. 37%，石油天然气出口受到的影响次之，在三种税率下出口分别降低了 11. 52%、27. 09%、35. 82%，对服务业影响最小，其出口降低幅度在 2. 1% 以内。可见，资源税税率调整对资源行业出口的影响非常显著。

7.6　本章小结

本章通过构建中国资源—税收多部门 CGE 模型，依据设定的税率调整方案，对资源税税率调整的宏观经济影响进行了分析。从模拟结果可以看出，提高资源税税率对宏观经济具有一定的消极影响，会降低实际 GDP、就业和出口数额等指标，推动整体价格水平的提高，但如果采取较为合理的税率，其消极影响处在可接受的范围之内；资源税税价联动关系明显，提高资源税税率能够引起资源价格的上涨，对资源需求的抑制作用也是显著的；资源税税率的提高会导致各个行业产出和就业的减少，特别是资源消耗比较大的行业，但在一定程度上这有利于促进产业结构的调整和优化。另外，资源税税率调整对经济的如上影响会随着资源税税率的提高而不断扩大。可见，资源税税率调整可以起到抑制资源过度消耗、促进资源集约使用和优化产业结构的效果，但是在资源税税率调整实施的过程中，需要考虑税率增加对宏观经济的冲击作用。

第8章　资源税税率调整的财政效应

虽然资源税改革的主要目的在于促进自然资源的合理利用，但资源税税率的提高无疑会增加资源税收入，进而对财政造成影响。在资源税主要划归地方政府的条件下，资源税税率调整将影响地方财政的状况。本章简要分析我国地方财政能力和地方税制中的问题，探讨资源税的归属问题，对资源税税率调整的财政效应进行多角度的考察。

8.1　我国地方财政和地方税制的基本情况

8.1.1　地方财政的基本情况

（1）地方财政的总体状况

表8－1　　1992—2018年地方财政收入变动情况

年份	规　模（亿元）	增长率（%）	占全国财政收入比重（%）	年份	规　模（亿元）	增长率（%）	占全国财政收入比重（%）
1992	2503.86	13.23	71.88	2006	18303.58	21.21	47.22
1993	3391.44	35.45	77.98	2007	23572.62	28.79	45.93
1994	2311.6	－31.84	44.30	2008	28649.79	21.54	46.71
1995	2985.58	29.16	47.83	2009	32602.59	13.80	47.58
1996	3746.92	25.50	50.58	2010	40613.04	24.57	48.87
1997	4424.22	18.08	51.14	2011	52547.11	29.38	50.59
1998	4983.95	12.65	50.47	2012	61078.29	16.24	52.09
1999	5594.87	12.26	48.89	2013	69011.16	12.99	53.41
2000	6406.06	14.50	47.82	2014	75876.58	9.95	54.05
2001	7803.3	21.81	47.62	2015	83002.04	9.39	54.51
2002	8515	9.12	45.04	2016	87239.35	5.11	54.66
2003	9849.98	15.68	45.36	2017	91469.41	4.85	53.00
2004	11893.37	20.75	45.06	2018	97903.38	7.03	53.39
2005	15100.76	26.97	47.71	—	—	—	—

资料来源：根据《中国统计年鉴2019》整理得出。

1994 年我国财政体制做了重大改革，由财政包干体制转变为分税制财政体制，这对地方财政影响显著。如表 8-1 所示，1994 年的地方财政收入规模、增长率和占全国财政收入比重都大幅度降低。[①] 1995 年以来，我国地方政府财政收入规模不断增长，由 1995 年的 2985.58 亿元增至 2018 年的 97903.38 亿元，并且保持了较高的增长率，其中年增速最低为 2017 年的 4.85%，最高为 2011 年的 29.38%。1994—2018 年间，地方财政收入占全国财政收入比重由 1994 年的 44.3% 增至 2018 年的 53.39%，呈现在 44.3%—54.66% 之间小幅波动的趋势。

财政自给率指标可以较好地反映某一级政府的财政能力状况。本书采用的财政自给率的计算方法为：政府财政自给率 = 本级一般公共预算收入/本级一般公共预算支出。

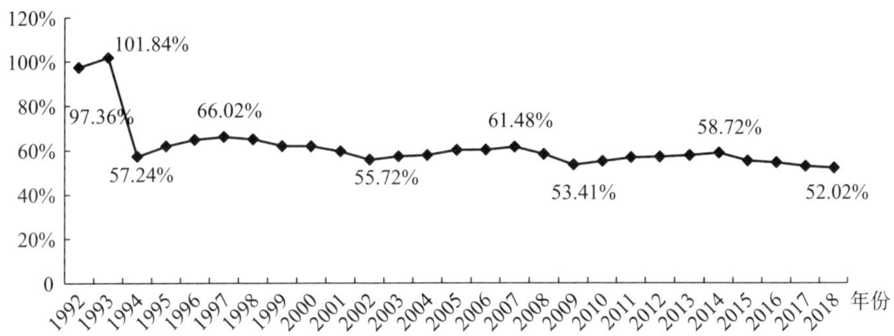

图 8-1　1992—2018 年地方财政自给率变动情况

资料来源：根据《中国统计年鉴 2019》整理得出。

图 8-1 说明了 1992 年以来地方政府财政自给率的变动情况。1994 年以前地方财政收入基本可以保证本级的支出需求，由于分税制改革的影响，1994 年地方政府财政自给率急剧下降，从 1993 年的 101.84% 降至 57.24%，之后在 60% 上下小幅波动，2014 年开始呈现逐年下降趋势，2018 年为 52.02%。可见，我国地方财政自给率 1994 年以来一直维持较低水平。较低的财政自给率表明地方政府直接获得的财政收入相对于本级负担的财政支出过小，地方政府只能依靠中央给予的大量转移支付和

① 本章所称的地方或全国财政收入、地方财政支出均指一般公共预算收入和一般公共预算支出。

举借债务来维持本级的财政支出需求，导致地方财政严重依赖中央财政的支持。

（2）地方财政能力的差距

由于经济发展水平不同，我国省区间的地方财政能力差距明显。如表 8－2 所示，从地方财政收入规模来看，最高的地区是广东，达 12105.26 亿元，最低的地区是西藏，仅为 230.35 亿元，前者是后者的 52.6 倍；从人均地方财政收入来看，最高的地区是上海，达 29324 元，最低的地区是甘肃，仅为 3303 元，前者是后者的 8.9 倍；从财政自给率来看，最高的地区是上海，达 85.11%，最低的地区是西藏，仅为 11.69%，前者是后者的 7.3 倍。

表 8－2　2018 年各地区地方财政收入情况

地　区	规模（亿元）	人均值（元）	自给率（%）	地区	规模（亿元）	人均值（元）	自给率（%）
北　京	5785.92	26861	77.44	湖　北	3307.08	5589	45.56
天　津	2106.24	13502	67.87	湖　南	2860.84	4147	38.25
河　北	3513.86	4650	45.48	广　东	12105.26	10669	76.96
山　西	2292.70	6166	53.52	广　西	1681.45	3413	31.66
内蒙古	1857.65	7331	38.45	海　南	752.67	8059	44.50
辽　宁	2616.08	6002	49.01	重　庆	2265.54	7303	49.89
吉　林	1240.89	4589	32.74	四　川	3911.01	4689	40.29
黑龙江	1282.60	3399	27.43	贵　州	1726.85	4797	34.33
上　海	7108.15	29324	85.11	云　南	1994.35	4129	32.83
江　苏	8630.16	10719	74.03	西　藏	230.35	6696	11.69
浙　江	6598.21	11501	76.46	陕　西	2243.14	5805	42.30
安　徽	3048.67	4821	46.39	甘　肃	871.05	3303	23.09
福　建	3007.41	7631	62.23	青　海	272.89	4526	16.56
江　西	2373.01	5105	41.87	宁　夏	436.52	6345	30.76
山　东	6485.40	6455	64.21	新　疆	1531.42	6158	30.55
河　南	3766.02	3921	40.86	平　均	3158.17	7665	46.20

资料来源：根据《中国统计年鉴 2019》整理得出。

地方财政能力的差距在三大经济区域间也十分明显。从表 8 - 3 可以看出，地方财政能力较强的省区大都分布在东部地区，地方财政能力较弱的省区主要分布在中西部地区。2018 年东部地区的地方财政能力明显强于中西部地区：从地方财政收入规模来看，东部地区为 58709. 36 亿元，中部地区为 20171. 81 亿元，西部地区为 19022. 22 亿元，东部地区是中部地区的 2. 9 倍、西部地区的 3. 1 倍；从人均地方财政收入来看，东部地区为 10103 元，中部地区为 4628 元，西部地区为 5012 元，东部地区是中部地区的 2. 2 倍、西部地区的 2. 0 倍；从财政自给率来看东部地区为 69. 37%，中部地区为 41. 21%，西部地区为 34. 83%，东部地区比中部地区高 28 个百分点，比西部地区高 35 个百分点。

表 8 - 3　　　2018 年三大经济区域地方财政收入情况

	规模（亿元）	人均值（元）	自给率（%）
东部地区	58709. 36	10103	69. 37
中部地区	20171. 81	4628	41. 21
西部地区	19022. 22	5012	34. 83

资料来源：根据《中国统计年鉴 2019》整理得出①。

8. 1. 2　地方税制的基本情况

税收是政府财政收入的主要来源，地方财政能力不足的主要原因之一是地方税制的不完善，突出地表现为地方税体系不健全，缺乏有力的主体税种。地方税是我国税收制度的重要组成部分，是地方政府财政收入的主要来源，也是地方政府实现公共管理职能的重要保障和调控经济的重要手段。目前，全部收入划归地方政府的税种有：契税、土地增值税、耕地占用税、城镇土地使用税、房产税、车船税和烟叶税；收入主要划归地方政府的税种有：城市维护建设税和资源税。2018 年地方税收收入 75954. 79 亿元，占地方财政收入的 77. 58%，占全国税收收入的

① 三大经济区域划分依据国家统计局的标准：东部地区包括北京、天津、河北、辽宁、上海、江苏、浙江、福建、山东、广东、海南 11 个省（市）；中部地区包括山西、吉林、黑龙江、安徽、江西、河南、湖北、湖南 8 个省；西部地区包括内蒙古、广西、重庆、四川、贵州、云南、西藏、陕西、甘肃、青海、宁夏、新疆 12 个省（市、自治区）。

48.56%，与地方所负责的事权相比，这一比例明显偏低。[①]

表8-4反映了我国2018年地方税收收入情况，除共享税中的国内增值税和企业所得税外，划归地方或主要划归地方的税种规模偏小，在地方税收收入中所占的比重较低，占比最高的契税也仅为7.54%。可见，我国现行地方税体系缺乏税源充裕、收入规模较大的主体税种。由于地方政府缺少稳定充足的财政来源来满足所承担的公共支出责任，也就是财力与支出责任的不匹配，导致地方政府寻求非税收入来源，进而带来多方面的负面影响。特别是全面推行“营改增”后，地方缺乏主体税种的问题较为突出。

表8-4　　2018年地方税收收入情况

项目	规模（亿元）	占地方税收收入比重（%）	划归层次
国内增值税	30777.45	40.52	共享
企业所得税	13081.60	17.22	共享
契税	5729.94	7.54	地方
土地增值税	5641.38	7.43	地方
个人所得税	5547.55	7.30	共享
城市维护建设税	4680.67	6.16	主要划归地方
房产税	2888.56	3.80	地方
城镇土地使用税	2387.60	3.14	地方
资源税	1584.75	2.09	主要划归地方
耕地占用税	1318.85	1.74	地方
印花税	1222.48	1.61	共享
车船税	831.19	1.09	地方
环境保护税	151.38	0.20	地方
烟叶税	111.35	0.15	地方
其他税收收入	0.04	0.00	—
税收收入合计	75954.79	100.00	—

资料来源：根据《中国统计年鉴2019》整理得出。

① 根据《中国统计年鉴2019》整理得出。

作为地方税种之一，我国资源税收入长期以来一直处于较低水平。如图 8－2 所示，1994 年至 2018 年间，资源税在全国税收收入中所占比重一直不足 1.1%，总体上是先降低后升高的趋势，前期的下降是因为随着经济的增长其他税种收入增加迅速，而资源税由于自身设计的局限增长缓慢，后经过几次税收政策调整比重有所提高。特别是 2012 年由于油气资源税改革，由 2011 年的 0.67% 增至 0.90%，增长相对明显，但在税收总收入中所占的比例依然不高。

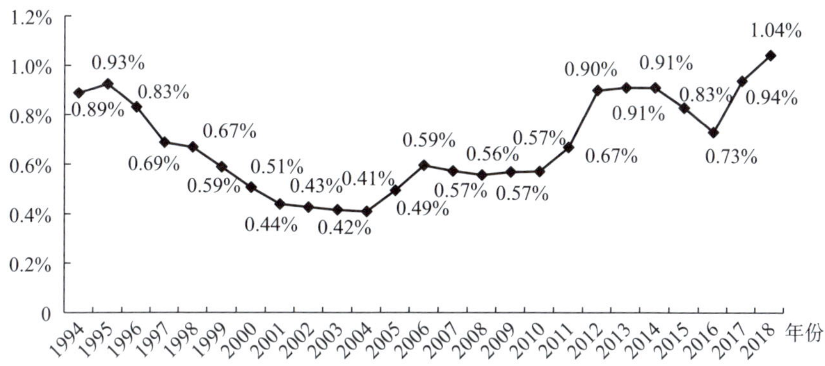

图 8－2　1994—2018 年全国资源税收入占税收收入比重情况

资料来源：根据《中国税务年鉴》和《中国统计年鉴》相关年度版本整理得出。

当前，资源税属于收入主要划归地方政府并由主要由地方税务机关征收管理的税种，陆上资源税收入归地方政府所有，海洋资源税收入归中央政府所有。①。2018 年资源税收入 1629.90 亿元，其中中央资源税收入 45.15 亿元（占比 2.77%），地方资源税收入 1584.75 亿元（占比 97.23%），该年地方资源税收入占地方税收收入的比重较低，仅为 2.09%，在地方税种中处于弱势地位。②

① 《国务院关于实行分税制财政管理体制的决定》（国发〔1993〕第 85 号）。

② 根据《中国统计年鉴 2019》整理得出。

8.2 资源税的归属

对于资源税的归属问题，学术界目前争论较大。有学者（张海星，2013）认为资源税设为中央税更为适宜，中央政府可以统筹全局，既可保障对资源稀缺性的补偿和负外部性的纠正，又可以建立资源产地政府与资源消耗地政府之间资源税统筹分享机制。殷强（2009）也论证了资源税归属中央政府的合理性，认为由于资源税税源分布不均会形成社会利用资源不平等的问题，而且资源税改革后其收入的大幅增加可能挤占其他税种的收入，从而弱化中央政府的调控能力，所以资源税可以归属中央政府，但应重视资源属地的利益，适当让利于地方。但是也有学者（靳东升、李雪若，2008）提出不同意见，认为按照既考虑中央政府的宏观调控能力，又考虑充分发挥地方政府的积极性，资源税应成为地方主体税种之一。李晖、荣耀康（2010）同样认为资源税作为地方税主体税种具有充足的可行性，因为资源税具备地方税的基本特性、可发挥良好的地方财政功能和适合给地方较大税收自主权。本书认为我国资源税的归属划分应当考虑到资源税本身的功能定位和当前我国具体的现实需求。

一方面，理论上而言，资源税划归中央政府较为合理。本书对资源税的主体功能定位为纠正资源开发利用中产生的代际外部性，使资源产品的成本和价格能够反映其代际外部成本和稀缺性。资源开发利用中产生的代际外部性是对全体国民而言的，代际外部成本由全国范围内的后代人负担，本身没有地域区划的限制。作为对外部性和稀缺性补偿，资源税收入应由全民所有，不应由资源产地独享。而且，中央政府可以统筹全局，从整个社会的福利最大化出发，制定资源税政策、安排资源税收入的使用，这有利于合理地调节代际间和地区间的利益分配，避免地方政府的短视行为。另外，我国资源在地区间分布不均，导致资源税在各地区的收入差距较大，如果资源税划归地方政府，理论上会导致地方财政收入的不平衡，而资源税划归中央政府则可以避免这一弊端。

另一方面，考虑到当前我国具体的现实需求，资源税划归地方政府则更为可取。我国地方政府缺少主体税种，地方税体系不健全，中西部地区财政收入不足问题亟待解决。如果资源税的主要收入划归地方政府，通过改革可以增加地方财政收入，充实地方税体系，调动地方政府积极性，提高地方政府财政能力和公共支出保障能力。同时，我国自然资源主要集中在中西部地区，中西部政府财政收入的提高，可以弱化地区间财政能力的不平衡，促进中西部不发达地区的经济发展，一定程度地缩小地区差距。

可以看到，如上两个方面分析得出的结论是相反的，这是源于资源税的理论功能定位和现实政策需求各自出发点的不同，正是这种出发点的不同导致了目前学术界对于资源税归属问题的争论。统筹兼顾如上理论探讨和现实政策需求两个方面的分析，本书认为当未来我国地方税制已经健全且地区间财政能力差距不再明显时，应将资源税划归中央政府，以充分发挥资源税的调节代际外部性的功能，而现阶段资源税的归属保持现状更为可取，即海洋资源税划归中央政府，陆地资源税划归地方政府，其具体依据包括如下几个方面：

第一，资源税的归属不影响资源税主体功能的实现。

本书对资源税主体功能的定位是从可持续发展角度促进资源的合理利用，纠正资源开发利用中产生的代际外部性，保障后代人的利益。从前文的分析可知，资源税的这一调节功能主要是依靠资源的价格传导机制实现的，如果资源税设计合理，价格传导机制有效运行，资源价格的提高能够基本实现资源税的主体调节功能。而且，只要通过制度上的约束，无论是中央政府还是地方政府，都可以保证将资源税收入主要用于资源领域的科技创新和提高资源利用效率等可持续发展方面。至于将资源税划归地方政府后是否会导致地方政府为了自身的利益而过度开采资源，本书认为改革后资源税收入的提高可以一定程度上弥补地方财政的困境，而且只要制定合理的制度对地方政府的行为加以约束，这一问题是能够得到有效控制的。所以，资源税的归属问题不会影响资源税主体功能的实现，其归属应当根据我国财政状况的具体实际而确定。

第二，资源税具备地方税的基本属性。

征税对象的非流动性是地方税的基本属性之一，马斯格雷夫（Musgrave，1983）等学者认为，征税对象不具有流动性的税收适合划归地方政府，而征税对象流动性较强的税种不适合作为地方税。比如所得税，无论是企业还是自然人可以在全国范围内自由地迁徙，地区间不同的税负水平会促使它们在地区间转移——由税负相对较高的地区转移至税负相对较低的地区，也就是产生地区间的税收竞争现象，最终影响地方的财政来源和经济增长。而资源税以自然资源为课税对象，自然资源的产地是固定的，本身不具有流动性，所以资源税的税基固定在某一区域内，具备地方税的基本属性。

第三，资源税具有较好的收入稳定性。

地方主体税种需要保障地方能够获得稳定的收入。虽然有学者（邓子基，2007）认为，自然资源大都具有不可再生性，以它们为课征对象的资源税也就具有不稳定性和不可预见性。但是也应当看到，除不可再生资源外自然资源中还包括可再生资源，如水资源和森林资源，如果合理利用，其储量是稳定的；即使对于不可再生资源，如果过度消耗得到遏制，其开采速度是稳定的，而且从当前的资源储量和每年探明储量的增加来看，只要开采速度得到控制，不可再生资源可以在较长的时间内供人类开采。

第四，资源税能够调节地区间财政收入差距。

我国中西部地区自然资源禀赋丰富，但长期以来由于税收政策和资源政策的限制，中西部地区的资源优势不能转化为财政优势。通过扩大资源税的征税范围、完善资源税的计征方式、适当提高资源税的税率等改革措施，可以增强资源税的财政收入功能。虽然在马斯格雷夫（Musgrave，1983）提出的政府间税收划分原则中，有一项认为地区间分布不均的税基应划归中央，否则会导致地区间税收收入的不平衡。但是考虑到我国的具体实际，这一原则应当予以变通。我国中西部地区的财政能力不足，但自然资源相对丰富，将资源税收入主要划归地方政府正是为了调节地区间财政收入和经济水平的不平衡，充实资源丰富的中西部地区的财力。而且，税收负担可以通过资源价格的传导机制转移给东部地区的资源使用企业和个人，资源税的区域经济调节作用会得到增强，进而有利于区域经济的协调发展。

我国自然资源在各省区间分布不平衡，中西部省区自然资源较为丰富，这为通过资源税调节地区财政能力差距提供了可能。如表 8 - 5 所示，从矿产品的年产量来看，中西部省区整体产量相对东部省区较大，非油气矿产品产量排名前十五位的省区中有十个是中西部省区，原油产量排名前十位的省区中有六个是中西部省区，天然气产量排名前十位的省区中有九个是中西部省区；从东中西地区来看，西部地区的三类矿产品产量都高于中西部地区，中部地区的非油气矿产品和天然气产量均高于东部地区。

矿产资源在地区间分布不平衡使得地区间矿产品的销售收入差距较大，这进一步说明了资源税调节地区财政能力差距的可行性。如图 8 - 3 所示，中西部省区从矿产资源获得销售收入明显高于东部省区，销售收入排名前十的省份除山东和河北外皆为中西部省份。中西部省份的矿产资源销售收入较大，表明中西部省份资源税税源相对东部省份充足，有利于资源税发挥充实中西部省份地方财力、调节地区财政能力差距的功能。

表 8 - 5　　2017 年全国各地区矿产品产量

地　区	非油气矿产品（万吨）	原油（万吨）	天然气（亿立方米）	地　区	非油气矿产品（万吨）	原油（万吨）	天然气（亿立方米）
北　京	931.80	—	—	湖　南	25650.52	—	—
天　津	5366.72	402.80	5.09	广　东	34228.59	30.04	1.11
河　北	31657.32	539.10	6.04	广　西	31042.82	2.01	0.01
山　西	84694.55	—	—	海　南	4228.82	—	—
内蒙古	94190.86	9.10	—	重　庆	17506.35	—	34.39
辽　宁	26635.88	1044.20	4.60	四　川	25701.00	8.67	214.10
吉　林	9740.94	420.94	18.70	贵　州	34376.84	—	—
黑龙江	15623.95	3323.80	40.31	云　南	26781.84	—	—
上　海	8.00	—	—	西　藏	1055.79	—	—
江　苏	15121.74	156.11	0.43	陕　西	51426.49	3488.12	395.18
浙　江	58855.77	3.00	—	甘　肃	12065.81	42.92	0.60
安　徽	47887.23	—	—	青　海	9959.39	228.00	64.01
福　建	12483.05	—	—	宁　夏	8621.20	0.70	—
江　西	27966.96	—	—	新　疆	25767.80	2473.46	307.10
山　东	37284.49	2341.61	4.14	东　部	226802.18	4516.86	21.41
河　南	26544.62	293.77	97.83	中　部	257855.47	4108.21	171.56
湖　北	19746.70	69.70	1.30	西　部	338496.19	6252.98	1015.39

资料来源：《中国国土资源统计年鉴 2018》。

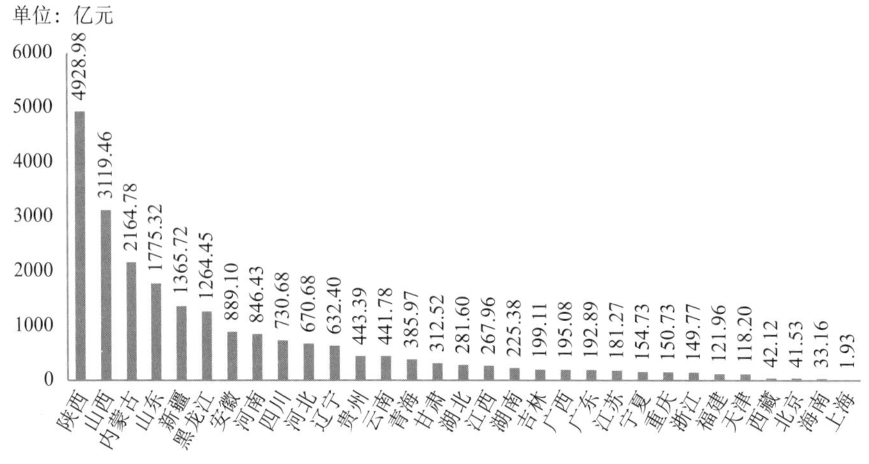

图 8－3　2017 年全国各地区矿产品销售收入

资料来源：《中国国土资源统计年鉴 2018》。

8.3　资源税税率调整的财政效应分析

如果按照前文所述的思路推进资源税的改革，并且保持资源税作为主要划归地方并主要由地方税务部门征收管理的现状，地方资源税收入必将会大幅增加。但是，资源税税率调整对全国和地方财政的影响具体有多大，能否调整地区财政能力的不平衡，需要通过一定的方法加以估算分析。由于资源税税率调整后所涉及的资源种类较多，不同的资源价格差异较大，这里只分析在我国资源需求中所占比例较大的矿产资源。

限于数据的可得性，此处将 2017 年的财政收入和资源产出情况作为基期，与资源税税率调整后的情形进行比较。当前，从价征收已成为我国资源税的主要征收方式。因此，此处设定的资源税税率调整方案是逐步提高资源税税率，资源税应纳税额为应税产品的销售收入乘以比例税率计算得出。这里假定资源税税率调整前后的资源销售收入保持不变，之所以做出如此假定是基于如下几方面的考虑：

第一，此处的销售收入为不包括税收的销售收入，资源税变动对不含税价格的影响较小，销售收入的变动主要体现在销售数量的变动上。

第二，虽然前文对资源税税率调整经济效应的分析表明，资源税税率的提高会减少资源的消费需求，但这一效果需要较长时间才能体现出来，所以销售数量的变动是一个长期的过程，而本章对于资源税税率调整财政效应的考察侧重于短期分析，其财政效应可以通过税率的改变较迅速地体现出来。

第三，本章对资源税税率调整财政效应的考察重点在于省区层次，而对于资源税在省区层次经济效应的分析需要大量的数据支持和更加细致的模型，由于相关数据难以获得和模型操作难度较大，对省区层次的资源需求数量变动的考察超出了本书的研究范围。

《中华人民共和国资源税法》中规定的原油和天然气资源税税率为6%，煤炭资源税税率为2%—10%，具体适用税率各省份不尽相同，其他矿产资源税大部分采用从价征收，具体适用税率各省份也存在差别。资源税在实际征收中存在税收减征、税收优惠以及受到征纳能力等因素的影响，一般情况下实际税率要低于该名义税率。考虑到政策稳妥推进的原则，此处设计了资源税的两个实际税率选择，分别为8%和10%。[①] 按照如上估算方法，计算得出资源税税率调整后资源税的收入情况。

本章的所使用的数据来源：全国矿产品（包括陆上和海洋矿产品）和地方矿产品（仅为陆上矿产品）的销售收入数据来自《中国国土资源统计年鉴2018》，资源税收入数据来自《中国税务年鉴2018》，地方税收收入、地方财政收入（一般公共预算）和人口数据来自《中国统计年鉴2018》。

8.3.1 财政增收效应

在资源需求数量变动不大的情况下，资源税税率的提高必然带来财

---

① 由于统计口径和征管因素等原因，部分省区2017年资源税收入占资源销售收入的比重超过了8%或10%，在对各省区资源税税额的估算中维持税率调整前的原资源税水平。

政收入的增加，这里分国家财政收入（中央和地方财政收入总量）和地方财政收入两个层次考察资源税的增收效应。

（1）对国家财政收入的影响

从全国范围来看，资源税税率调整使得国家资源税收入大幅增长。如表8-6所示，在8%的税率设定下，原油和天然气资源税收入703.26亿元，为税率调整前的2.59倍，增收431.72亿元，非油气矿产品资源税收入1176.03亿元，为税率调整前的1.10倍，增收109.24亿元，全部矿产品资源税收入1879.29亿元，为税率调整前的1.40倍，增收540.96亿元。在10%的税率设定下，原油和天然气资源税收入879.07亿元，为税率调整前的3.24倍，增收607.53亿元，非油气矿产品资源税收入1470.03亿元，为税率调整前的1.38倍，增收403.24亿元，全部矿产品资源税收入2349.11亿元，为税率调整前的1.76倍，增收1010.78亿元。

表8-6　　税率调整前后全国资源税收入情况

矿产品类别	销售收入（亿元）	资源税收入（亿元）		
		调整前	8%税率	10%税率
原油和天然气	8790.74	271.54	703.26	879.07
非油气矿产品	14700.33	1066.79	1176.03	1470.03
全部矿产品	23491.07	1338.33	1879.29	2349.11

注：表中税率调整前资源税收入中不含滞纳金和罚款。

资料来源：根据本章前文所述估算方法和数据计算得出。

同时，资源税在全国税收收入和财政收入中的比重可以得到一定程度的提高，资源税增收金额占2017年全国税收收入和一般公共预算收入的比重，在8%的税率设定下分别为0.37%和0.31%，在10%的税率设定下分别为0.70%和0.59%。[①]

① 2017年全国税收收入为144369.87亿元，一般公共预算收入为172592.77亿元，资料来源：《中国统计年鉴2018》。

（2）对地方财政收入的影响

从整体来看，资源税税率调整对地方财政收入带来较大影响，使得地方的资源税收入大幅增长，资源税在地方税收收入和地方财政收入中所占的比重有了一定程度的提升，并且该影响随着资源税税率的提高而扩大。如表 8－7 所示，在 8% 的税率设定下，资源税收入 1886.15 亿元，为税率调整前的 1.44 倍，增收 580.37 亿元，增收占调整前地方税收收入的比重为 0.85%，占调整前地方财政收入的比重为 0.63%；在 10% 的税率设定下，资源税收入 2265.85 亿元，为税率调整前的 1.74 倍，增收 960.07 亿元，增收占调整前地方税收收入的比重为 1.40%，占调整前地方财政收入的比重为 1.05%。

表 8－7　　税率调整前后地方资源税收入情况

情景设定	调整前资源税收入（亿元）	调整后资源税收入（亿元）	资源税增收（亿元）	增收占调整前地方税收收入比重（%）	增收占调整前地方财政收入比重（%）
8% 税率	1305.78	1886.15	580.37	0.85	0.63
10% 税率	1305.78	2265.85	960.07	1.40	1.05

资料来源：根据本章前文所述估算方法和数据计算得出。

从分省区来看，资源税税率调整对不同的省区影响有较大差异，对资源丰富的省区财政增收效果较大，而对资源匮乏的省区财政增收效果有限。如表 8－8 所示，从资源税增收的绝对数值来看，在 10% 税率设定下，资源税增收金额排名前十位的省区市依次为陕西、山东、黑龙江、新疆、安徽、河南、四川、山西、河北、辽宁，资源税增收均在 21 亿元以上，除山东、河北和辽宁外都分布在我国中西部地区，其中陕西、山东、黑龙江、新疆资源税增收金额高达 68 亿元以上；排名后七位的省区市依次为福建、西藏、宁夏、重庆、上海、江西、海南，资源税增收均在 2.4 亿元以下。税率调整后资源税收入排名前十位的省区市依次为陕西、山西、内蒙古、山东、新疆、黑龙江、安徽、河南、四川、河北，资源税收入均在 67 亿元以上，除山东和河北外都分布在我国中西部地区，其中陕西、山西、内蒙古、山东资源税收入高达 177 亿元以上；排名后七位的省区市依次为浙江、福建、天津、西藏、北京、海南、上海，资源税收入均在15亿元以下，除西藏外都分布在我国东部地区。

从资源税增收的相对数值来看，在10%税率设定下，资源税增收金额占税率调整前地方税收收入比重排名前十位的省区市依次为陕西、青海、黑龙江、新疆、安徽、山西、甘肃、河南、西藏、山东，资源税增收金额占税率调整前地方税收收入比重均在1.7%以上，除山东外都分布在我国中西部地区，其中陕西、青海、黑龙江、新疆资源税增收占比高达7.0%以上；排名后七位的省区市依次为江苏、广东、浙江、重庆、上海、江西、海南，资源税增收金额占税率调整前地方税收收入比重均在0.1%以下，除重庆和江西外，都分布在我国东部地区。资源税增收金额占税率调整前地方财政收入比重排名前十位的省区市依次为陕西、青海、黑龙江、新疆、安徽、山西、甘肃、河南、山东、西藏，资源税增收金额占税率调整前地方财政收入比重均在1.2%以上，除山东外都分布在我国中西部地区，其中陕西、青海、黑龙江、新疆资源税增收占比高达4.6%以上；排名后七位的省区市依次为江苏、广东、浙江、重庆、上海、江西、海南，资源税增收金额占税率调整前地方财政收入比重均在0.1%以下，除重庆和江西外都分布在我国东部地区。

表8-8　10%税率设定下税率调整前后地方资源税收入情况

地　区	资源税收入（亿元）		资源税增收（亿元）	增收占调整前地方税收收入比重（%）	增收占调整前地方财政收入比重（%）
	调整前	调整后			
北　京	1.08	4.15	3.07	0.07	0.06
天　津	2.51	11.82	9.31	0.58	0.40
河　北	44.98	67.07	22.09	1.00	0.68
山　西	272.69	311.95	39.25	2.81	2.10
内蒙古	204.03	216.48	12.45	0.97	0.73
辽　宁	42.07	63.24	21.17	1.17	0.88
吉　林	8.48	19.91	11.43	1.34	0.94
黑龙江	53.59	126.45	72.85	8.08	5.86
上　海	0.01	0.19	0.18	0.00	0.00
江　苏	14.00	18.13	4.12	0.06	0.05
浙　江	12.58	14.98	2.40	0.05	0.04
安　徽	21.45	88.91	67.46	3.42	2.40
福　建	9.89	12.20	2.31	0.11	0.08

续表

地　区	资源税收入（亿元）		资源税增收（亿元）	增收占调整前地方税收收入比重（%）	增收占调整前地方财政收入比重（%）
	调整前	调整后			
江　西	59.64	59.64	0.00	0.00	0.00
山　东	99.56	177.53	77.97	1.76	1.28
河　南	35.57	84.64	49.07	2.11	1.44
湖　北	14.15	28.16	14.01	0.62	0.43
湖　南	9.59	22.54	12.94	0.74	0.47
广　东	14.18	19.29	5.11	0.06	0.05
广　西	16.78	19.51	2.73	0.26	0.17
海　南	3.41	3.41	0.00	0.00	0.00
重　庆	14.78	15.07	0.29	0.02	0.01
四　川	30.41	73.07	42.65	1.76	1.19
贵　州	30.77	44.34	13.57	1.15	0.84
云　南	24.56	44.18	19.62	1.59	1.04
西　藏	1.93	4.21	2.28	1.86	1.23
陕　西	144.66	492.90	348.24	23.44	17.35
甘　肃	16.68	31.25	14.58	2.66	1.79
青　海	18.57	38.60	20.03	10.89	8.13
宁　夏	14.63	15.47	0.84	0.31	0.20
新　疆	68.53	136.57	68.04	7.20	4.64

资料来源：根据本章前文所述估算方法和数据计算得出。

图 8 - 4 和图 8 - 5 进一步说明了资源税税率调整对三大经济区域的地方财政收入的不同影响。如图 8 - 4 所示，西部地区的地方资源税增收最大，中部地区次之，东部地区资源税增收最小，增收金额随税率设定的提高而增大，在 8% 的税率设定下，东中西部地区的资源税增收分别为 70.74 亿元、153.65 亿元和 355.98 亿元，在 10% 的税率设定下，东中西部地区的资源税增收分别为 147.73 亿元、267.02 亿元和 545.31 亿元。从对地方税收和财力的支持力度来看（见图 8 - 5 和图 8 - 6），资源税税率调整对西部地区的支持力度最大，中部地区次之，东部地区最小。如图 8 - 5 所示，在 8% 税率设定下，资源税增收金额占税率调整前地方税收收入比重，中西部地区分别为 1.18% 和 2.91%，东部地区仅为 0.16%，资源税增收金额占税率调整前地方财政收入比重，中西部地区

分别为0.82%和2.00%，东部地区仅为0.13%。如图8－6所示，在10%税率设定下，资源税增收金额占税率调整前地方税收收入比重，中西部地区分别为2.06%和4.46%，东部地区仅为0.34%，资源税增收金额占税率调整前地方财政收入比重，中西部地区分别为1.42%和3.07%，东部地区仅为0.27%。

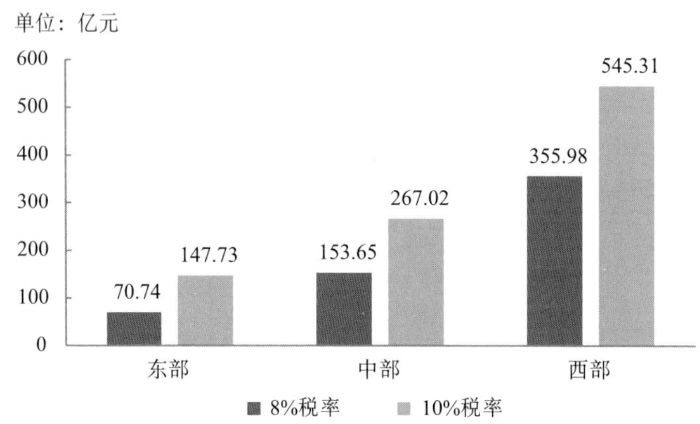

图8－4　不同税率设定下三大经济区域地方资源税增收绝对数值

资料来源：根据本章前文所述估算方法和数据计算得出。

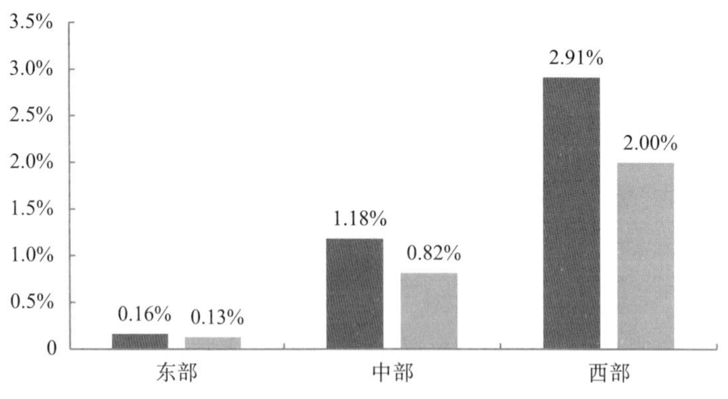

图8－5　8%税率设定下三大经济区域地方资源税增收相对数值

资料来源：根据本章前文所述估算方法和数据计算得出。

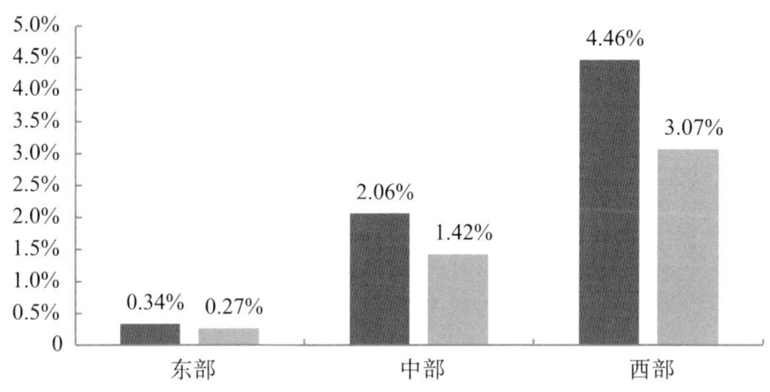

图 8-6　10%税率设定下三大经济区域地方资源税增收相对数值

资料来源：根据本章前文所述估算方法和数据计算得出。

8.3.2　地方财政能力提升效应

资源税税率调整的地方财政增收效果最终会体现在地方财政能力的提升上。对于地方财政能力的衡量，此处采用人均地方财政收入和地方财政自给率两个指标。假定资源税税率调整不影响除资源税以外的地方财政收入项目，税率调整后地方财政收入为资源税增收金额与税率调整前地方财政收入的加总。地方财政收入和地方财政支出均为一般预算项目。经过计算，本书得出在不同税率设定下全国 31 个省区资源税税率调整前后的地方财政能力指标的具体数值。

表 8-9　　8%税率设定下税率调整前后地方财政能力情况

地　区	人均财政收入（元）		财政自给率（%）		地　区	人均财政收入（元）		财政自给率（%）	
	调整前	调整后	调整前	调整后		调整前	调整后	调整前	调整后
北　京	25015	25025	79.58	79.61	湖　北	5504	5518	47.76	47.88
天　津	14839	14883	70.38	70.59	湖　南	4020	4032	40.15	40.27
河　北	4300	4312	48.71	48.84	广　东	10136	10137	75.28	75.29
山　西	5043	5043	49.70	49.70	广　西	3306	3306	32.90	32.90
内蒙古	6735	6735	37.60	37.60	海　南	7280	7280	46.68	46.68

续表

地区	人均财政收入（元）		财政自给率（%）		地区	人均财政收入（元）		财政自给率（%）	
	调整前	调整后	调整前	调整后		调整前	调整后	调整前	调整后
辽宁	5477	5496	49.04	49.21	重庆	7325	7325	51.94	51.94
吉林	4457	4484	32.50	32.70	四川	4310	4344	41.15	41.47
黑龙江	3281	3407	26.79	27.81	贵州	4508	4521	34.99	35.09
上海	27470	27471	88.00	88.01	云南	3929	3951	33.02	33.20
江苏	10178	10178	76.94	76.94	西藏	5514	5557	11.05	11.13
浙江	10261	10261	77.08	77.08	陕西	5233	5884	41.52	46.68
安徽	4496	4576	45.33	46.13	甘肃	3106	3138	24.69	24.94
福建	7182	7182	59.97	59.97	青海	4117	4323	16.09	16.89
江西	4862	4862	43.96	43.96	宁夏	6123	6123	30.42	30.42
山东	6095	6137	65.87	66.33	新疆	5998	6165	31.62	32.50
河南	3564	3598	41.47	41.86	—	—	—	—	—

资料来源：根据本章前文所述估算方法和数据计算得出。

资源税税率调整后，资源丰富的省区地方财政能力提升明显，而资源匮乏的省区地方财政能力提升有限。表 8－9 给出了在 8% 税率设定下，资源税税率调整前后的地方财政能力指标的数值。可以看到，税率调整后人均地方财政收入增加排名前十位的省区市依次为陕西、青海、新疆、黑龙江、安徽、天津、西藏、山东、四川、河南，人均地方财政收入增加均在 34 元以上，除天津和山东外都分布在我国中西部地区，其中陕西、青海、新疆、黑龙江增加均在 125 元以上。税率调整后地方财政自给率提高排名前十位的省区市依次为陕西、黑龙江、新疆、青海、安徽、山东、河南、四川、甘肃、天津，地方财政自给率提高均在 0.2 个百分点以上，除山东和天津外都分布在我国中西部地区，其中陕西和黑龙江提高均在 1 个百分点以上。

表 8-10　　10% 税率设定下税率调整前后地方财政能力情况

地　区	人均财政收入（元）		财政自给率（%）		地　区	人均财政收入（元）		财政自给率（%）	
	调整前	调整后	调整前	调整后		调整前	调整后	调整前	调整后
北　京	25015	25029	79.58	79.62	湖北	5504	5527	47.76	47.97
天　津	14839	14898	70.38	70.67	湖南	4020	4039	40.15	40.33
河　北	4300	4330	48.71	49.04	广东	10136	10140	75.28	75.31
山　西	5043	5149	49.70	50.75	广西	3306	3312	32.90	32.96
内蒙古	6735	6784	37.60	37.87	海南	7280	7280	46.68	46.68
辽　宁	5477	5525	49.04	49.47	重庆	7325	7326	51.94	51.95
吉　林	4457	4499	32.50	32.81	四川	4310	4361	41.15	41.64
黑龙江	3281	3474	26.79	28.36	贵州	4508	4546	34.99	35.28
上　海	27470	27471	88.00	88.01	云南	3929	3970	33.02	33.36
江　苏	10178	10183	76.94	76.98	西藏	5514	5582	11.05	11.18
浙　江	10261	10265	77.08	77.11	陕西	5233	6141	41.52	48.72
安　徽	4496	4604	45.33	46.42	甘肃	3106	3162	24.69	25.13
福　建	7182	7188	59.97	60.02	青海	4117	4452	16.09	17.40
江　西	4862	4862	43.96	43.96	宁夏	6123	6135	30.42	30.48
山　东	6095	6173	65.87	66.71	新疆	5998	6276	31.62	33.09
河　南	3564	3616	41.47	42.07	—	—	—	—	—

资料来源：根据本章前文所述估算方法和数据计算得出。

表 8-10 给出了在 10% 税率设定下，资源税税率调整前后的地方财政能力指标的数值。可以看到，税率调整后人均地方财政收入增加排名前十位的省区市依次为陕西、青海、新疆、黑龙江、安徽、山西、山东、西藏、天津、甘肃，人均地方财政收入增加均在 55 元以上，除山东和天津外都分布在我国中西部地区，其中陕西、青海、新疆、黑龙江人均地方财政收入增加均在 190 元以上。税率调整后地方财政自给率提高排名前十位的省区市依次为陕西、黑龙江、新疆、青海、安徽、山西、山东、河南、四川、甘肃，地方财政自给率提高均在 0.4 个百分点以上，除山东外都分布在我国中西部地区，其中陕西、黑龙江、新疆、青海地方财

政自给率提高均在1.3个百分点以上。

资源税税率调整对三大经济区域整体地方财政能力的影响存在一定差别。资源税税率调整对各区域的财政能力都有提升作用，中西部地区较东部地区效果更大。如表8－11所示，在8%税率设定下，中西部地区人均地方财政收入较税率调整前分别增加35元和94元，东部地区仅增加12元，中西部地区地方财政自给率分别提高了0.33个和0.71个百分点，东部地区仅提高了0.09个百分点；在10%税率设定下，中西部地区人均地方财政收入较税率调整前分别增加61元和144元，东部地区仅增加26元，中西部地区地方财政自给率分别提高了0.58个和1.09个百分点，东部地区仅提高了0.19个百分点。

表8－11　税率调整前后三大经济区域地方财政能力情况

情景设定	人均地方财政收入（元）			地方财政自给率（%）		
	东　部	中　部	西　部	东　部	中　部	西　部
调整前	9507	4330	4719	70.60	41.47	35.46
8%税率	9519	4365	4813	70.69	41.80	36.17
10%税率	9533	4391	4863	70.79	42.05	36.55

资料来源：根据本章前文所述估算方法和数据计算得出。

8.3.3　调节地方财政能力差距效应

如上分析可以看到，资源税税率调整对中西部资源禀赋丰富地区财政增收效果明显，可以有力地提升地方财政能力，可以直观地判断资源税税率调整，可以调节地方财政能力的差距，至于调节效果具体有多大，下面通过构建相关的指标予以考察。

对于地方财政能力差距的衡量，此处采用人均地方财政收入和地方财政自给率的极值比和变异系数。相关指标的计算公式如下：

$$V = \frac{S}{\overline{X}} \qquad S = \sqrt{\frac{\sum (X_i - \overline{X})^2}{N}}, \qquad R = \frac{\max(X_i)}{\min(X_i)}$$

其中，V为变异系数，S为标准差，X_i为指标值，$\overline{X}$为样本均值，N为样本数量，R为极值比。

经计算本书得出衡量地方财政能力差距指标的具体数值（见表 8－12）。可以看到，资源税税率调整使得地方财政能力在省区间的差距得到弱化，而且这一效应随着资源税税率的提高而增强。从人均地方财政收入来看，极值比在税率调整前为 8.843，该指标在 8% 和 10% 的税率设定下分别为 8.754 和 8.688，分别降低了 0.089 和 0.155，变异系数在税率调整前为 0.775，该指标在 8% 和 10% 的税率设定下分别为 0.767 和 0.762，分别降低了 0.008 和 0.013；从地方财政自给率来看，极值比在税率调整前为 7.965，该指标在 8% 和 10% 的税率设定下分别为 7.904 和 7.869，分别降低了 0.061 和 0.096，变异系数在税率调整前为 0.404，该指标在 8% 和 10% 的税率设定下分别为 0.398 和 0.395，分别降低了 0.006 和 0.009。

表 8－12　　税率调整前后地方财政能力差距情况

指　标	人均地方财政收入			地方财政自给率		
	调整前	8%	10%	调整前	8%	10%
均　值	7215	7266	7300	46.84%	47.22%	47.46%
最大值	27470	27471	27471	88.00%	88.01%	88.01%
最小值	3106	3138	3162	11.05%	11.13%	11.18%
标准差	5593	5577	5566	0.189	0.188	0.187
极值比	8.843	8.754	8.688	7.965	7.904	7.869
变异系数	0.775	0.767	0.762	0.404	0.398	0.395

资料来源：根据本章前文所述估算方法和数据计算得出。

从三大经济区域来看，资源税税率调整一定程度上减少了区域间的财政能力差距。如图 8－7 所示，税率调整前东部地区的人均地方财政收入和中西部地区间的差值分别为 5177 元和 4788 元，在 8% 的税率设定下差值分别减少至 5154 元和 4706 元，在 10% 的税率设定下差值则进一步减少至 5142 元和 4670 元。如图 8－8 所示，税率调整前东部地区的地方财政自给率和中西部地区间的差值分别为 29.13% 和 35.14%，在 8% 的税率设定下差值分别减少至 28.89% 和 34.52%，在 10% 的税率设定下差值则进一步减少至 28.74% 和 34.24%。

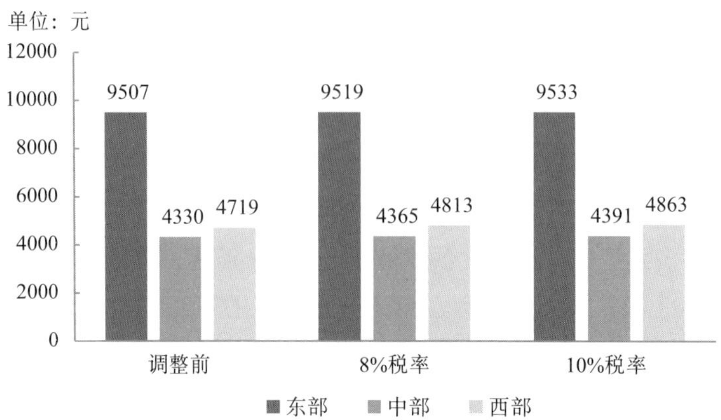

图 8－7　税率调整前后三大经济区域人均财政收入情况

资料来源：根据本章前文所述估算方法和数据计算得出。

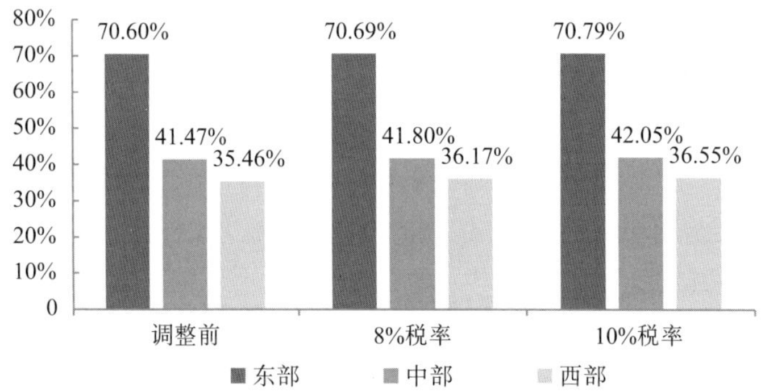

图 8－8　税率调整前后三大经济区域财政自给率情况

资料来源：根据本章前文所述估算方法和数据计算得出。

8.4　本章小结

本章简要分析了我国地方财政能力和地方税制中的问题，探讨了资源税的归属，对资源税税率调整的财政效应进行了多角度的考察。

我国地方财政自给率 1994 年以来一直维持较低水平，地方政府只能依靠来自中央的大量转移支付来维持本级的财政支出需求，导致地方财政严重依赖中央财政的支持。由于经济发展水平不同，我国省区间的地方财政能力差距明显。地方财政能力较强的省区大都分布在东部地区，地方财政能力较弱的省区主要分布在中西部地区。地方财政能力不足的主要原因之一是地方税制的不完善，突出地表现为地方缺乏主体的税种。作为地方税种之一，我国资源税收入长期以来一直处于较低水平。

由于资源税的归属不影响资源税的主体功能的实现，资源税具备地方税的基本属性——征税对象的非流动性，具有较好的收入稳定性，以及能够调节地区间财政收入差距，本书认为现阶段资源税的归属保持现状更为可取，即海洋资源税划归中央，陆地资源税划归地方。

本章研究发现，资源税税率调整可以带来多方面的财政效应：一是财政增收效应。提高资源税税率使得国家和地方的资源税收入大幅增长，资源税在税收收入和财政收入中所占比重有一定程度的提升；提高资源税税率对不同的省区影响有较大差异，对资源丰富的省区财政增收效果较大，较大程度的支持了地方税收和地方财力，而对资源匮乏的省区财政增收效果有限；提高资源税税率对三大经济区域的影响程度不同，西部地区的地方资源税增收最大，中部地区次之，东部地区资源税增收最小。二是地方财政能力提升效应。以人均地方财政收入和地方财政自给率作为衡量指标，资源税税率提高后，资源丰富的省区地方财政能力提升明显，而资源匮乏的省区地方财政能力提升有限，提高资源税税率对三大经济区域的财政能力都有提升作用，中西部地区较东部地区效果更大。三是调节地方财政能力差距效应。以人均地方财政收入和地方财政自给率的极值比和变异系数作为衡量指标，提高资源税税率使得地方财政能力在省区间和三大经济区域间的差距得到弱化。

第 9 章　本书总结

本书对我国资源税改革问题进行了较为系统的研究，综述了与资源环境问题及其治理相关的理论，在生态文明建设视角下分析评价了我国现行资源税制，考察了我国资源税收入与负担情况，介绍了资源税制的国外经验，提出了推进资源税改革的思路，对资源税税率调整的经济效应和财政效应进行了量化分析。研究的主要结论与政策建议总结如下：

（1）我国现行资源税制度存在的问题

我国自然资源开发利用中存在一些突出问题，主要表现在资源的过度消耗和利用效率偏低等方面。导致这些问题的一个重要因素是，作为政府在资源领域的调控工具，资源税在促进资源节约方面没有起到应有的作用。虽然经过多次改革，资源税的调节功能得到了加强，但与当前生态文明建设的要求相比，资源税仍然需要进一步完善。首先，资源税的功能定位不够明确，其调节矿产资源级差收益的功能定位已不适应当前的发展需要。其次，资源税的征税范围有待扩大，还有许多自然资源不在征税范围之内。再次，资源税的税率设计需要优化，税率普遍不高，税率设置较为宽泛，影响了资源税调节功能的力度和针对性。最后，资源税的计征方式有待改进，当前仍有少数资源产品按照从量定额的方式计征资源税，资源税的调节功能难以充分发挥。

（2）我国资源税收入与负担情况

资源税收入规模分析发现，1994 年至 2018 年间，资源税收入绝对规模整体呈不断增长趋势，少数年份存在减少的特征，资源税相对规模变动趋势的阶段性特征明显。通过对资源税收入结构分析发现，地方级收入、能源矿资源税收入、内资企业资源税收入占绝大多数，矿产资源较为丰富的省份资源税收入位居前列。通过对资源税税负水平分析发现，2004 年以来，资源税负担呈现逐步提高的趋势，增长速度呈现阶段性特征。

通过对油气资源税改革影响分析发现，2009 年至 2012 年间，油气资源税从价计征改革带来了油气资源税收入和负担水平的不断增长，反映出油气资源税改革逐步推开的政策效果。煤炭资源税改革影响分析发现，2015 年煤炭资源税收入和负担水平呈现较大幅度的阶梯式增长，反映出煤炭资源税改革较大政策效应，同时不同地区的税负水平差别较大。

（3）推进我国资源税改革的思路

基于理论分析和国外经验借鉴，本书针对我国现行资源税存在的问题提出了推进资源税进一步改革的思路。

本书认为我国资源税的主体功能应当是纠正资源开发利用中产生的代际外部性，同时取得自然资源的稀缺租金，使资源产品的成本和价格能够反映其代际外部成本和稀缺性，抑制当代人对资源的过度消耗，提高资源利用效率。同时，应将所得税款主要用于促进资源领域的可持续发展方面，以保障未来人们的资源消费需求，最终实现经济社会的可持续发展。另外，资源税的征收还具有一些附属功能，如增强地方财政实力和均衡地区间财政能力，一定程度上降低与资源开发使用相关的环境污染，促进经济发展方式转变和产业结构优化，以及调节行业收入差距。

资源税改革的具体措施是多方面的，就资源税本身而言包括：扩大资源税征税范围，将再生速度较慢或难度较大、较为稀缺且浪费严重、与生态环境联系密切且不宜大量开发的资源纳入征税范围；优化资源税的税率设计，适度提高资源税的税率水平，并细化税率设置，对于消耗速度较大且稀缺程度较高的资源实行较高的税率，对于消耗速度不高、储量较大或鼓励开发的资源实行低税率，对同一类别的资源根据其产品品质、开采条件、环境影响等设置差别税率；改进资源税的计征方式，对于消耗强度较大且市场化程度较高的资源产品，原则上都应实行从价计征，对于需求量比较稳定或市场化程度不高，且数量或范围便于统计的资源产品，实行从量计征；明确资源税收入的用途，所得的税款应当主要用于可持续发展方面，以保障未来人们的资源消费需求。

除了资源税本身的改革以外，还应当实施其他相关的配套措施。一方面，应当加快完善资源价格形成机制，推动我国资源价格形成机制改革，建立健全市场作用为主、行政干预为辅的价格形成机制，充分发挥市场在资源价格形成中的基础作用，使资源价格充分反映资源的全部价值和供求关系。另一方面，应当健全矿产资源税费体系，矿业权出让收益是为了维护国家的矿业权利益，矿业权占用费是为了维护国家的地表土地使用权利益，同时对矿业权使用者不合理的占用行为进行约束，资源税和石油特别收益金是为了调控资源的开发与利用。

（4）资源税税率调整的经济效应和财政效应

按照本书提出的推进资源税改革的思路，本书对资源税税率调整的经济效应和财政效应进行了分析，主要结论如下：

资源税税率调整对宏观经济的影响是多方面的，模拟结果表明，提高资源税税率对宏观经济具有一定的消极影响，会降低实际 GDP、就业和出口数额等指标，推动整体价格水平的提高，但如果采取比较合理的税率，其消极影响处在可接受的范围之内；资源税税价联动关系明显，提高资源税税率能够引起资源价格的上涨，对资源需求的抑制作用也是显著的；资源税税率的提高会导致各个行业产出和就业的减少，特别是资源消耗比较大的行业，但在一定程度上这有利于促进产业结构的调整和优化。另外，资源税税率调整对经济的如上影响会随着资源税税率的提高而不断扩大。可见，资源税税率调整可以起到抑制资源过度消耗、促进资源集约使用和优化产业结构的效果，但是在资源税税率调整实施的过程中，需要考虑税率增加对宏观经济的冲击作用。

资源税税率调整可以带来多方面的财政效应：一是财政增收效应。提高资源税税率使得国家和地方的资源税收入大幅增长，资源税在税收收入和财政收入中所占比重有一定程度的提升；提高资源税税率对不同的省区影响有较大差异，对资源丰富的省区财政增收效果较大，较大程度地支持了地方税收和地方财力，而对资源匮乏的省区财政增收效果有限；提高资源税税率对三大经济区域的影响程度不同，西部地区的地方资源税增收最大，中部地区次之，东部地区资源税增收最小。二是地方财政能力提升效应。以人均地方财政收入和地方财政自给率作为衡量指标，资源税税率提高后，资源丰富的省区地方财政能力提升明显，而资源匮乏的省区地方财政能力提升有限，提高资源税税率对三大经济区域的财政能力都有提升作用，中西部地区较东部地区效果更大。三是调节地方财政能力差距效应。以人均地方财政收入和地方财政自给率的极值比和变异系数作为衡量指标，提高资源税税率使得地方财政能力在省区间和三大经济区域间的差距得到弱化。

（5）资源税税率调整效应的政策启示

基于对资源税税率调整经济效应和财政效应的分析，可以得出如下政策启示：

一是继续推进资源税改革。根据资源税改革效应的分析结果，本书认为前文所提出的关于资源税改革的思路是可取的。适度提高资源税的税率水平可以产生抑制资源过度消耗、促进资源集约使用和优化产业结构的经济效应，以及增加财政收入、提升地方财政能力和调节地方财政能力差距的财政效应。对于资源税的归属，现阶段保持现状更为可取，即海洋资源税划归中央，陆地资源税划归地方，如此划分可以通过资源税改革充实我国地方主体税种，提高地方财政收入，增强地方财政能力并缩小其在地区间的差距。

二是采用渐进式的改革方案。在资源税改革实施的过程中，需要考虑税负增加对宏观经济的冲击作用。资源税税率的提升虽然会对宏观经济具有一定的消极冲击，但如果采取合适的税率，这一冲击在可接受的范围之内，所以采用渐进提高税率的改革方案是比较可行的。一方面，根据经济形势逐步提高我国稀缺矿产品的资源税税率水平，并根据各自的稀缺性和对经济的影响程度确定具体税率，但最高不宜超过10%；另一方面，对于资源税征税范围的扩大，可以先全面开征水资源税，以后逐步扩大到森林资源、湿地资源和草原资源等，税率同样应采取较低水平，以后再根据改革效果适度提高。

三是资源税改革和相关减税政策配套实施。为了减轻对宏观经济的冲击和对居民福利的消极影响，资源税改革可以和相关减税政策配套实施，成为结构性减税政策的组成部分。例如，适度降低我国其他流转税的税负，以及减免一些不合理的行政性收费项目，用资源税收入替代其他种类的财政收入，为获得理论上的“双重红利”效果创造必要条件。

参考文献

中文参考文献

[1] 安体富、蒋震：《我国资源税改革的时机选择与经济效应预期》，《涉外税务》，2009 年第 12 期。

[2] 安仲文：《以可持续发展理念完善和改革我国现行资源税》，《宏观经济研究》，2008 年第 4 期。

[3] 曹爱红、韩伯棠、齐安甜：《中国资源税改革的政策研究》，《中国人口·资源与环境》，2011 年第 6 期。

[4] 曾先峰、张超、曾倩：《资源税与环境保护税改革对中国经济的影响研究》，《中国人口·资源与环境》，2019 年第 12 期。

[5] 陈文东：《租金理论及其对资源税的影响》，《中央财经大学学报》，2007 年第 6 期。

[6] 陈烨、张欣、寇恩惠等：《增值税转型对就业负面影响的 CGE 模拟分析》，《经济研究》，2010 年第 9 期。

[7] 邓子基：《地方税系研究》，北京：经济科学出版社，2007 年版。

[8] 郭菊娥、钱冬、吕振东等：《煤炭资源税调整测算模型及其效应研究》，《中国人口·资源与环境》，2011 年第 1 期。

[9] 郭庆旺、赵志耘：《财政学》，北京：中国人民大学出版社，2002 年版。

[10] 何金祥：《澳大利亚国土资源与产业管理》，北京：地质出版社，2009 年版。

[11] 何金祥、李茂：《美国国土资源与产业管理》，北京，地质出版社，2007 年版。

[12] 计金标：《略论我国资源税的定位及其在税制改革中的地位》，《税务研究》，2007 年第 11 期。

［13］靳东升、李雪若：《地方税理论与实践》，北京：经济科学出版社，2008 年版。

［14］李刚：《澳大利亚矿产资源租税制度探析——以西澳为例》，《地方财政研究》，2013 年第 9 期。

［15］李晖、荣耀康：《以资源税和房地产税为地方税主体税种的可行性探析》，《中央财经大学学报》，2010 年第 10 期。

［16］林伯强、何晓萍：《中国油气资源耗减成本及政策选择的宏观经济影响》，《经济研究》，2008 年第 5 期。

［17］林伯强、刘希颖、邹楚沅等：《资源税改革：以煤炭为例的资源经济学分析》，《中国社会科学》，2012 年第 2 期。

［18］刘立佳：《基于可持续发展视角的资源税定位研究》，《资源科学》，2013 年第 1 期。

［19］刘燕平：《俄罗斯国土资源与产业管理》，北京：地质出版社，2007 年版。

［20］刘晔：《资源税改革的效应分析与政策建议》，《税务研究》，2010 年第 5 期。

［21］刘植才、刘荣：《论我国资源税的职能定位》，《税务研究》，2012 年第 10 期。

［22］美国科罗拉多矿业学院等，《全球矿业税收比较研究》，北京：地质出版社，2006 年版。

［23］彭月兰：《关于煤炭资源税改革的思考——以山西为例》，《税务研究》，2018 年第 6 期。

［24］蒲志仲，《矿产资源税费制度存在问题与改革》，《税务研究》，2007 年第 11 期。

［25］邵珠琼、张中祥：《资源税从价计征改革如何影响企业盈利能力——以原油和天然气为例》，《财贸经济》，2018 年第 5 期。

［26］施文泼、贾康：《中国矿产资源税费制度的整体配套改革：国际比较视野》，《改革》，2011 年第 1 期。

［27］宋国明：《加拿大国土资源与产业管理》，北京：地质出版社，2005 年版。

[28] 孙钢：《我国资源税费制度存在的问题及改革思路》，《税务研究》，2007 年第 11 期。

[29] 王其文、李善同：《社会核算矩阵：原理、方法和应用》，北京：清华大学出版社，2008 年版。

[30] 王婷婷：《资源税扩围的法理逻辑与路径选择》，《江西财经大学学报》，2018 年第 5 期。

[31] 席卫群：《资源税改革对经济的影响分析》，《税务研究》2009 年第 7 期。

[32] 先福军：《新疆油气资源税改革效应分析》，《税务研究》，2010 年第 12 期。

[33] 谢焕瑛、王立杰：《略论我国煤炭资源税的改革》，《中国人口·资源与环境》，1997 年第 1 期。

[34] 徐会超、张晓杰：《完善我国绿色税收制度的探讨》，《税务研究》，2018 年第 9 期。

[35] 徐晓亮、程倩、车莹等：《资源政策调整对减排和环境福利影响——以煤炭资源税改革为例》，《管理科学学报》，2017 年第 2 期。

[36] 薛钢、李淑瑞：《资源税对我国区域间经济发展的影响》，《中南财经政法大学学报》，2018 年第 2 期。

[37] 薛钢、茅诗婕：《自然资源税费制度建设的国际经验借鉴》，《国际税收》，2016 年第 7 期。

[38] 杨志勇：《资源税费改革：理念与走向》，《涉外税务》，2011 年第 8 期。

[39] 姚昕、刘希颖：《基于增长视角的最优碳税研究》，《经济研究》，2010 年第 11 期。

[40] 殷强：《我国资源税改革应循序渐进》，《涉外税务》，2009 年第 12 期。

[41] 袁春生、马雪梅：《煤炭资源税改革前后税负变动及影响因素——来自煤炭上市公司的经验证据》，《税务研究》，2019 年第 5 期。

[42] 张炳雷、刘嘉琳：《资源税对能源矿产资源的利用效果：制度导向与趋势判断》，《财经问题研究》，2017 年第 7 期。

［43］张海星：《深化资源税改革：重建立税依据与平衡利益关系》，《税务研究》，2013 年第 8 期。

［44］张海星、许芬：《促进产业结构优化的资源税改革》，《税务研究》，2010 年第 12 期。

［45］张林海：《借鉴国外经验完善我国资源税制度》，《涉外税务》，2010 年第 11 期。

［46］张欣：《可计算一般均衡模型的基本原理与编程》，上海：格致出版社、上海人民出版社，2017 年版。

［47］张亚明、夏杰长：《我国资源税费制度的现状与改革构想》，《税务研究》，2010 年第 7 期。

［48］赵永、王劲峰：《经济分析 CGE 模型与应用》，北京：中国经济出版社，2008 年版。

［49］中国社会科学院数量经济与技术经济研究所 PPCGEM 课题组：《中国税制改革效应的一般均衡分析》，《数量经济技术经济研究》，2002 年第 9 期。

［50］中华人民共和国国家税务总局流转税管理司、所得税管理司、地方税管理司：《中华人民共和国新税制通释》，北京：中国经济出版社，1994 年版。

［51］中华人民共和国自然资源部：《中国矿产资源报告 2019》，北京：地质出版社，2019 年版。

［52］周波、范丛昕：《资源税改革相关问题探讨》，《税务研究》，2019 年第 7 期。

英文参考文献

［1］Arrow, K. J., G. Debreu, 1954, Existence of Equilibrium for a Competitive Economy, Econometrica, 22 (3).

［2］Asheim, G. B., 2000, Green National Accounting: Why and How?, Environment and Development Economics 5 (1).

［3］Ballard, C. L., D. Fullerton, J. B. Shoven, et al., 1985, A General Equilibrium Model for Tax Policy Evaluation, Chicago: University of Chicago Press.

[4] Barbier, E. B. , 1999, Endogenous Growth and Natural Resource Scarcity, Environmental and Resource Economics, 14 (1) .

[5] Barro, R. J. , X. Sala – I – Martin, 1995, Economic Growth, New York: McGraw – Hill.

[6] Baumol, W. J. , 1972, On Taxation and Control of Externalities, American Economic Review 62 (3) .

[7] Bishop, R. C. , 1978, Endangered Species and Uncertainty: The Economics of a Safe Minimum Standard, American Journal of Agricultural Economics, 60 (1) .

[8] Bishop, R. C. , 1993, Economic Efficiency, Sustainability, and Biodiversity, AMBIO: A Journal of the Human Environment, 22 (2) .

[9] Bosquet, B. , 2000, Environmental Tax Reform: Does It Work? A Survey of the Empirical Evidence, Ecological Economics, 34 (1) .

[10] Brekke, K. A. , 1997, Economic Growth and the Environment: On the Measurement of Income and Welfare, Cheltenham: Edward Elgar.

[11] Ciriacy – Wantrup, S. V. , 1968, Resource Conservation: Economics and Policies, Berkeley: University of California Press.

[12] Common, M. , C. Perrings, 1992, Towards an Ecological Economics of Sustainability, Ecological Economics, 6 (1) .

[13] Daly, H. E. , 1991, Elements of Environmental Macroeconomics, In R. Costanza (Ed.), 1991, Ecological Economics: The Science and Management of Sustainability, New York: Columbia University Press.

[14] Dasgupta, P. , 1993, Natural Resources in an Age of Substitutability, In A. V. Kneese, J. L. Sweeny (Eds.), Handbook of Natural Resource and Energy Economics Vol. 3, Amserdam: Elsevier.

[15] Dasgupta, P. , G. Heal, J. E. Stiflitx, 1981, The Taxation of Exhaustible Resources, NBER Working Paper No. 436, http: //www. nber. org/papers/w0436.

[16] Debreu, G. , 1959, Theory of Value: An Axiomatic Analysis of Economic Equilibrium, New Haven and London: Yale University Press.

[17] Ekins, P. , 1992, A Four - capital Model of Wealth Creation, In P. Ekins, M. Max - Neef (Eds.), Real - Life Economics: Understanding Wealth Creation, London and New York: Routledge.

[18] Ekins, P. , S. Simon, L. Deutsch, et al. , 2003, A Framework for the Practical Application of the Concepts of Critical Natural Capital and Strong Sustainability, Ecological Economics, 44 (2 - 3) .

[19] Gamponia, V. , R. Mendelsohn, 1985, The Taxation of Exhaustible Resources, The Quarterly Journal of Economics, 100 (1) .

[20] Gradus, R. , S. Smulders, 1993, The Trade - Off Between Environmental Care and Long - Term Growth: Pollution in Three Prototype Growth Models, Journal of Economics, 58 (1) .

[21] Grossman, G. M. , E. Helpman, 1991, Innovation and Growth in the Global Economy, Cambridge: MIT Press.

[22] Groth, C. , P. Schou, 2007, Growth and Nonrenewable Resources: The Different Roles of Capital and Resource Taxes, Journal of Environmental Economics and Management, 53 (1) .

[23] Hamilton, K. , 1994, Green Adjustments to GDP, Resources Policy, 20 (3) .

[24] Hartwick, J. M. , 1977, Intergenerational Equity and the Investing of Rents from Exhaustible Resources, American Economic Review, 67 (5) .

[25] Hartwick, J. M. , 1978, Substitution among Exhaustible Resources and Intergenerational Equity, Review of Economic Studies, 45 (2) .

[26] Hartwick, J. M. , 1990, Natural Resources, National, Accounting and Economic Depreciation, Journal of Public Economics, 43 (3) .

[27] Hepburn, C. 2006, Regulation by Prices, Quantities, or Both: A Review of Instrument Choice, The Oxford Review of Economic Policy, 22 (2) .

[28] Hotelling, H. , 1931, The Economics of Exhaustible Resources, Journal of Political Economy, 39.

[29] Hung, N. M. , N. V. Quyen, 2009, Specific or Ad Valorem Tax for an Exhaustible Resource, Economics Letters, 102 (2) .

[30] IUCN, UNEP, WWF, 1991, Caring for Earth: a Strategy for Sustainable Living, Switzerland: IUCN.

[31] Jeong - Bin, I. M., 2002, Optimal Taxation of Exhaustible Resource under Monopoly, Energy Economics, 24 (3).

[32] Krautkraemer, J. A., 1998, Nonrenewable Resource Scarcity, Journal of Economic Literature, 36 (4).

[33] Ligthart, J. E., F. Ploeg, 1994, Pollution, The Cost of Public Funds and Endogenous Growth, Economics Letters, 46 (4).

[34] Lucas, R. E., 1988, On the Mechanics of Economic Development, Journal of Monetary Economics, 22 (1).

[35] Marshall, A., 1890, Principles of Economics., London: MacMillan & Co.

[36] Meng, S., M. Siriwardana, J. McNeill, 2013, The Environmental and Economic Impact of the Carbon Tax in Australia, Environmental and Resource Economics, 54 (3).

[37] Musgrave, R. A. 1983, Who Should Tax Where and What?, In C. McLure (Ed.), Tax Assignment in Federal Countries, Canberra: Australian National University Press.

[38] Newell, R. G., A. B. Jaffe, R. N. Stavins, 1999, The Induced Innovation Hypothesis and Energy Saving Technological Change, Quarterly Journal of Economics, 114 (3).

[39] Otto, J., C. Andrews, F. Cawood, et al., 2006, Mining Royalties: A Global Study of Their Impact on Investors, Government, and Civil Society, Washington DC: The Word Bank.

[40] Pearce, D., 1991, The Role of Carbon Taxes in Adjusting to Global Warming, Economic Journal, 101 (407).

[41] Pearce, D., A. Markandya, E. Barbier, 1989, Blueprint for a Green Economy, London: Earthscan Publications Limited.

[42] Pearce, D., G. Atkinson, 1995, Measuring Sustainable Development, In D. W. Bromley (Ed.), The Handbook of Environmental Economics,

Oxford: Blackwell.

[43] Pigou, A. C., 1920, The Economics of Welfare, London: Macmillan.

[44] Popp, D, 2001, Induced Innovation and Energy Prices, NBER Working Paper No. 8284, https://www.nber.org/papers/w8284.

[45] Radulescua, D., M. Stimmelmayr, 2010, The Impact of The 2008 German Corporate Tax Reform: A Dynamic CGE Analysis, Economic Modelling, 27 (1).

[46] Rees, J., 1990, Natural Resources: Allocation, Economics, and Policy, London: Routledge.

[47] Romer, P., 1990, Endogenous Technological Change, Journal of Political Economy, 98 (5).

[48] Sancho, F., 2010, Double Dividend Effectiveness of Energy Tax Policies and the Easticity of Substitution: A CGE Appraisal, Energy Policy, 38 (6).

[49] Sandmo, A., 1975, Optimal Taxation in the Presence of Externalities, The Swedish Journal of Economics, 77 (1).

[50] Shoven, J. B., J. Whalley, 1992, Applying General Equilibrium, New York: Cambridge University Press.

[51] Smulders, S., 1995, Entropy, Environment, and Endogenous Economic Growth, International Tax and Public Finance, 2 (2).

[52] Solow, R. M., 1974, Intergenerational Equity and Exhaustible Resources, Review of Economic Studies, 41.

[53] Solow, R. M., 1986, On the Intergenerational Allocation of Natural Resources, The Scandinavian Journal of Economics, 88 (1).

[54] Victor, P., S. Hanna, A. Kubursi, 1998, How Strong Is Weak Sustainability?, In S. Faucheux, M. O'Connor, J. V. Straaten (Eds.), Sustainable Development: Concepts, Rationalities and Strategies, Dordrecht: Kluwer.

[55] World Commission on Environment and Development, 1987, Our

Common Future, Oxford: Oxford University Press.

[56] Zhai, F. , T. W. Hertel, 2005, Impacts of the Doha Development Agenda on China: The Role of Labor Markets and Complementary Education Reforms, World Bank Policy Research Working Paper No. 3702, https: //www. worldbank. org/en/research.

后　记

本书是在本人博士论文的基础上修改完善而成的。一路走来，饮水思源。我学业上的进步和本书的顺利出版，得益于诸多师长亲友的帮助与支持，感恩之情溢于言表。

感谢我的博士生导师安体富教授。安老师高尚正直的品德，渊博宽广的学识，严谨求真的治学态度，心系民生的家国情怀，无不令我敬佩，更使我深受感染。安老师的大家风范和言传身教，不但让我在专业知识方面有所提升，还让我明白了很多做人治学的道理，成为我人生中宝贵的财富。同时，我还要感谢师母韩金英女士。师母平易近人、亲切慈爱，在生活上给予我无微不至的关怀。师恩如山，无以为报，唯有谨记导师的谆谆教诲，踏实工作，发奋进取，才能不辜负导师和师母的殷切期望。

感谢我的硕士生导师曾康华教授。曾老师指引我走进了财政学的学术殿堂，对我一直以来的鼓励和关心成为我不断前进的动力。在中国人民大学财政金融学院求学的过程中，我得到了许多师友的帮助，在此向他们表示诚挚的谢意。岳希明教授、贾俊雪教授等老师在博士生课程中的精彩讲授，使我在财政学理论和研究方法方面深受启发。岳树民教授、吕冰洋教授和岳希明教授对我的博士论文提出了许多宝贵的建议，让我受益匪浅。同门师兄师姐给予我许多帮助和鼓励，令我体会到同门之谊的弥足珍贵。

感谢首都经济贸易大学财政税务学院的各位领导和老师。本书的出版得到了财政税务学院的极大支持，在我走向工作岗位之后，学院的各位领导和老师在科研和教学方面给予我很多无私的指导和帮助，在此深表谢意。

感谢中国财政经济出版社的胡博编辑和庄莉编辑为本书的顺利出版给予的大力支持和辛勤劳动。

感谢我的家人，正是他们对我的一贯支持和无私关爱，我才能顺利完成学业，在人生的道路上不断进步。

财政学领域的研究是一条宽广辽阔而又充满挑战的学术之路。“仰之弥高，钻之弥坚”，唯有脚踏实地、刻苦钻研才能在这条学术大道上不断前行。时不我待，铭以自勉。

刘　翔

2020 年 7 月